S. FISCHER

Valentin Groebner

Retroland

Geschichtstourismus und die Sehnsucht nach dem Authentischen

S. FISCHER

Erschienen bei S. FISCHER
2. Auflage Oktober 2018

Satz: Fotosatz Amann, Memmingen
Druck und Bindung: CPI books GmbH, Leck
Printed in Germany
ISBN 978-3-10-397366-2

Inhalt

1 Wo die Vergangenheit noch ein Erlebnis ist: Reise als Zeitreise

»denn was mich wirklich interessiert ist weniger das woraus es gemacht wird als dass es eine sache ist die gemacht wird. damit man sie herzeigen kann.« (Ernst Jandl, 1970)

»Wir Ferienverbesserer kennen noch Paradiese«, verkündete das Werbeplakat. Darüber der Erdball, der sich in einen rundherum konsumierbaren grünen Apfel verwandelt hat – das Plakat des Reiseveranstalters Kuoni (»in allen Reisebüros«) kam 1973 als ironischer Bezug auf das biblische Buch Genesis daher. Reisen als verlockender Sündenfall? Der boomende neue Dienstleistungsbereich Tourismus wurde nicht mit Fotos von Stränden, Bergen oder glücklichen Kunden visualisiert, sondern mit einer ehrwürdig alten Bildformel. Ferien waren für die Gestalter der Werbeagentur Wirz vor 45 Jahren eine Reise zurück in die unschuldige Vergangenheit am Ursprung der Menschheit.

1 Werbeplakat der Agentur Adolf Wirz, 1973

Der Rohstoff der Dienstleistungsindustrie Tourismus sind nicht unberührte Landschaften oder der von modernen Transportmitteln verkleinerte Raum. Es ist die Zeit. Urlaub, so möchte ich in diesem Buch zeigen, ist seit mehr als 150 Jahren nicht nur das Versprechen auf intensiviertes Empfinden, sondern auf wiedergegebene Zeit: Urlaub verspricht die Reise in ein Früher, das auf magische Weise konserviert wurde und wieder zugänglich ist. Hans Magnus Enzensberger, der 1958 eine scharfzüngige und bis heute lesenswerte »Theorie des Tourismus« formuliert hat, hat den Effekt 50 Jahre später in einem Interview noch einmal auf den Punkt gebracht. Die Geschichte sei der einzige Ort, der noch exotische Qualitäten habe. »Das einzig wahre Ausland ist die Vergangenheit.«[1]

Wer Kataloge von Reiseveranstaltern aufschlägt, findet seit 150 Jahren darin das Versprechen einer solchen Fahrt zurück in die Geschichte. Das ist die Botschaft des kleinen Wortes »noch«, das im Werbeplakat von Kuoni ebenso erscheint wie in dem Slogan, mit dem 1994 das Schweizer Freilichtmuseum Ballenberg für sich warb: »Wo die Vergangenheit noch ein Erlebnis ist« – ein Versprechen auf stillgestellte oder zurückgedrehte Zeit. Es gibt keinen Reisekatalog, in dem nicht von unberührter Natur, traditioneller Alltagskultur und wunderbar erhaltenen Altstädten die Rede ist. Die Slogans klingen immer gleich: »Hier ticken die Uhren langsamer als anderswo«, »Hier scheint die Zeit stehen geblieben zu sein« – Wahrzeichen eines ebenso geräumigen wie unklar datierten Früher, das für die Sehenswürdigkeit schlechthin steht. Eine Unterhaltungsreise in die entgegengesetzte Richtung, in die Zukunft nämlich, will kaum jemand antreten.[2]

Gebrauchsanweisung

Die Reise an entfernte Orte verspricht, auf geheimnisvolle Weise die Zeit stillzustellen, während man unterwegs ist, und eigene verlorene Lebenszeit wiederzubeschaffen. Denn diese Orte, so das Versprechen, befinden sich noch in einer paradiesischen Vergangenheit – im Gegensatz zu ihren Besuchern von auswärts, die dort (oder genauer: nur noch dort) in jene heile Welt von früher eintauchen können. Das kann Wellness im ursprünglichen Alpendorf sein, die Kolonialidylle im noblen Vintage-Hotel oder der Einkaufsbummel in der historischen Altstadt mit Busparkplatz und Tiefgarage: Das große Dienstleistungskonglomerat Tourismus hat sich in den letzten eineinhalb Jahrhunderten der Rückgewinnung – der Reproduktion im wörtlichen Sinn – der Geschichte als pittoreskem Erlebnispark verschrieben. Wie sieht das aus, wenn Monumente und Ereignisse aus der Vergangenheit als Zeugen lokaler »Identität« und Echtheit vermarktet werden?

Historisches Material ist für die Praktiker aus den Marketing-Abteilungen des Fremdenverkehrs eine willkommene Ressource, um Destinationen auszuflaggen und aufzuwerten. Den meisten Historikern ist diese touristische Nutzung der Vergangenheit eher unangenehm oder gar peinlich, weil sie ihnen die begrenzten Möglichkeiten ernsthafter Wissenschaft vor Augen führt. Diesen Wechselwirkungen zwischen dem wissenschaftlichen und dem kommerziellen Umgang mit den Überresten der Vergangenheit gehe ich in diesem einleitenden, ersten Kapitel nach. Für Touristen wird Geschichte zum persönlichen Erlebnis, zu etwas, das zum Vergnügen besichtigt wird. Bleibt sie davon unverändert? Was für Orte entstehen dabei?

Das zweite Kapitel schlägt dann einen großen Bogen zurück ins ausgehende Mittelalter, als in Europa zum ersten Mal historische Schauplätze – nämlich die der Passionsgeschichte – nachgebaut wurden, um von Pilgern besichtigt zu werden. Die Humanisten inszenierten im 16. Jahrhundert eine exotische christliche Antike, die ihre eigenen Bedürfnisse und die ihrer Auftraggeber erfüllte. Die »Sacri Monti« boten ihren Besuchern das biblische Geschehen lebensgroß, in Farbe und zum Anfassen: das Authentische von früher, so unmittelbar wie möglich – Paradiese und Fremdenführer inklusive.

Im 19. Jahrhundert – und darum geht es im dritten Kapitel – schufen enthusiastische Gebildete ein neues Mittelalter, das den technischen Medien und Möglichkeiten der Industrialisierung entsprach. Straßenzüge und Bauwerke, die zuvor als eng, hässlich und bedrückend wahrgenommen worden waren, verwandelten sich in pittoreske Altstädte und einzigartige Sehenswürdigkeiten; ergänzt mit nahe gelegenen komfortablen Grand Hotels und melancholischen Erzählungen von der unwiederbringlichen Zerstörung des schönen Alten.

Die großen Erzählungen von Ursprung und »historischer Identität« aus dem 19. Jahrhundert wurden im 20. umgesetzt und visualisiert in Sehenswürdigkeiten und Wahrzeichen für ein großes Besucherpublikum. Dieser Postproduktion von Geschichte ist das vierte Kapitel gewidmet: Wie werden »authentische« Stimmungskulissen und politisch instrumentalisierte Großbegriffe erzeugt? Der individuellen Reise in die Vergangenheit als Suche nach dem Authentischen von früher geht schließlich das fünfte Kapitel nach – es führt in tropische Paradiese, an die Strände des Mittelmeers und in die Alpen. Und am Schluss versuche ich, all das zusammenzupacken: Was entsteht da neu, wenn die Vergangenheit, das Verschwundene von früher, besichtigt wird, zum Vergnügen?

Dieses Buch ist eine Art Reisebericht; wie jeder Reisebericht ist es eine Auswahl und deswegen unvollständig. Organisiert ist es als eine Serie von Ortsterminen. Die Schweiz spielt eine besondere Rolle, weil das kleine Land mit den schönen Bergen, Seen und Hotels bei der Entstehung der Fremdenverkehrsindustrie im 19. Jahrhundert eine zentrale Rolle gespielt hat. Die Schweiz ist seither nicht nur ein Land, sondern auch ein Wahrnehmungsmodus, ein geträumter Ort, an dem man das besonders echte Schöne in konzentrierter Form besichtigen kann. »Er schaute aus dem Fenster, als wäre er in der Schweiz«, heißt es in Erich Kästners »Emil und die Detektive« spöttisch über den bösen Mann mit dem steifen Hut. Die Schweiz ist das Land, in dem ich wohne und arbeite. Die Berufung auf mittelalterliche Ursprünge als politische Zeitreise zurück in vermeintlich echtes Altes ist hier im 20. und 21. Jahrhundert weiterhin sehr wirksam – und nicht nur in der Schweiz, sondern an vielen anderen Orten in Europa, von Polen bis Portugal. Das Reden über Herkunft und historische Identität nimmt dabei sehr oft die Form einer ideengeschichtlichen Kaffeefahrt oder Geisterbahn an; auch darum wird es im Folgenden gehen.

Ein Reisebericht muss Sprünge machen und Dinge weglassen. Ich habe vieles nur andeuten können – die Geschichte der neugierigen Reisenden im 18. und 19. Jahrhundert zum Beispiel, die Geschichte der Denkmäler und ihrer Erhaltung. Das macht einen Teil der Lust am Reisen aus: dass man manchmal nur kurz anhält und dann weiterfahren darf. Viele Lokalaugenscheine sind persönlich, das ist unter Historikern eher unüblich. Aber wenn mich interessiert, was zwischen historischen Sehenswürdigkeiten und ihren Besuchern passiert, kann ich nicht so tun, als sei ich nur als abstrakte körperlose

Forschungsfrage unterwegs und nicht auch selbst als Tourist und zum Vergnügen. Und schließlich ist ziemlich viel von dem, was in den folgenden Kapiteln beschrieben wird, alltäglich, banal und ein bisschen grotesk. Es ist aber trotzdem da. Deswegen möchte ich die aufdringlichen, großspurigen Inszenierungen, Begriffe und Slogans – »Identität!« »Erleben!« »Das unverfälschte, echte Authentische!« – ernst nehmen. Ich möchte, anders gesagt, das Banale am Tourismus nicht abtun, sondern anschauen. Unberührte Natur wird durch ihre touristische Erschließung immer weniger. Vergangenheit dagegen scheint dadurch, dass sie von immer mehr Menschen besichtigt wird, offensichtlich immer größer, geräumiger und mehr zu werden.

Wir wollen zurück

Tourismus mag trivial, vielgestaltig und schwer einzuordnen sein, aber marginal war er nie, sondern ein gewichtiges Phänomen der Moderne – eine Mitte des 19. Jahrhunderts entstandene und seit den 1950ern immer schneller wachsende Dienstleistungsindustrie. Die Zahl von weltweit erfassten »tourist arrivals« pro Jahr ist von 25,3 Millionen im Jahr 1950 auf 1,235 Milliarden im Jahr 2016 gestiegen. Sie hat sich innerhalb von zwei Generationen beinahe verfünfzigfacht, und dabei sind nur jene Vergnügungsreisen gezählt, die mit einer Übernachtung verbunden sind. Tourismus ist heute die drittgrößte Dienstleistungsbranche des Planeten, mit einem Anteil von zehn Prozent am globalen Bruttosozialprodukt: 2016 waren zwölf von hundert Bewohnern des Planeten – also jeder Achte – als Touristen unterwegs.[3]

Tourismus ist möglich durch ein ganzes Bündel von Dienstleistungen. Gemeinsam ist ihnen allen, dass sie in ihrer Selbstdarstellung wie in der Wahrnehmung ihrer Kunden darauf beruhen, als das genaue Gegenteil von industrieller Produktion zu erscheinen. Der Tourismus in seiner modernen Erscheinungsform ist durch materielle Veränderungen möglich geworden; vor allem durch die radikale Beschleunigung und Verbilligung von Personenverkehr. Tourismus ist gleichzeitig auch eine Bildermaschine, und in diesem Sinne ist seine Entstehung eng an Medieninnovationen und neue Vervielfältigungskanäle wie illustrierte Reiseführer, Werbeplakate und Ansichtskarten gekoppelt.

Für einzelne Aspekte des modernen Tourismus lassen sich relativ leicht Vorläufer finden, von Pilgerfahrten und Badereisen bis zum Begriff selbst, der auf das Vorbild der »Grand Tour« verweist, der adeligen Bildungsreise des 17. und 18. Jahrhunderts. Zu all dem gibt es materialreiche historische Untersuchungen, aber so richtig erklären lässt sich der Aufstieg zur heute drittgrößten Dienstleistungsindustrie des Planeten mit dem Werkzeugkasten der historischen Forschung nicht. Hans Magnus Enzensberger hat in seiner »Theorie des Tourismus« etwas apodiktisch behauptet, vor der Moderne sei niemand zum Vergnügen gereist. Damit hat er wahrscheinlich unrecht, wie schon ein kurzer Blick in die Reisetagebücher von Michel de Montaigne lehrt, von Goethe in Italien ganz zu schweigen.

Vergnügen als Reiselust mit all ihren Erscheinungsformen ist aber methodisch gar nicht so einfach in den Griff zu kriegen. Immerhin lassen sich in der Geschichte des Tourismus in Europa grob drei Typen unterscheiden: erstens die Reise zu historischen Sehenswürdigkeiten, zu den Überresten großer Vergangenheiten, die nach dem Vorbild der »Grand Tour« des 17. und 18. Jahrhunderts entstand, nur eben verdichtet und beschleunigt wurde. Das Reisen wurde – zweitens – rasch durch Landschaftssensationen erweitert und so zur Suche nach dem ursprünglichen Schönen. Eine dritte Variante ist die Suche nach wohltuenden physischen Effekten zur Wiederherstellung (oder Verbesserung) des eigenen Körpers – von der Reise in Badeorte mit Heilquellen, die seit dem ausgehenden Mittelalter vielfach belegt und detailliert beschrieben worden sind, zu den Reisen in die Alpen und ans Meer aus gesundheitlichen Gründen im 18. und 19. Jahrhundert, im 20. dann ergänzt durch Skifahren, Strand, Ayurveda und Ähnliches. Diese drei, hier stark vereinfachten Formen des Reisens sind in einer Reihe schöner Bücher beschrieben worden. Sie wurden schon im 18. Jahrhundert oft kombiniert und vermischt, und seither überlagern sie einander, bis zum heutigen Wellness-Hotel mit Alpen-, Dschungel- oder Meerblick und historischem Ambiente.[4]

Die dort verbrachten »kostbarsten Wochen des Jahres«, wie es ein in den Alltagssprachgebrauch eingegangener Werbeslogan der 1960er Jahre formuliert hat, sind immer mit einem besonderen Versprechen aufgeladen. Der moderne Tourismus ist eine Zeitwiederbeschaffungsmaschine, eine Agentur des Wieder-Holens. In den Ferien – und zwar nur dort – soll einem die Zeit wiedergegeben werden, die man anderswo nicht hatte oder wenn, dann mit Unlust verbracht hat. Dabei wird unverhüllt darauf hingewiesen, man solle sich beeilen; denn das, was am Reiseziel besonders echt und kostbar sei, sei im Verschwinden begriffen, man solle es nicht versäumen. Eine 2010 gestartete Buchreihe namens »Smart Travelling« wirbt selbstbewusst mit diesem Zeitdruck und verspricht im Umschlagtext, die Suche nach dem wirklich Wichtigen zu vereinfachen: »Buch kaufen, Flug buchen, und ein perfektes Wochenende in Florenz erleben. Nicht lange suchen, sondern einfach von einem Lieblingsplatz zum nächsten spazieren … Nicht alles und jedes, sondern nur das wirklich Authentische und Besondere.«

Ist vom wirklich Authentischen genug für alle da? Es ist erstaunlich, wie oft im Namen der letzten Dinge gesprochen wird, wenn es um Vergnügungsreisen geht. »Thousand Places to See before You Die« heißt ein amerikanischer Reiseführer von 2003, der sich so gut verkauft hat, dass er mittlerweile auch auf Deutsch, Italienisch und in vielen anderen Sprachen lieferbar ist. Wie der Führer ins perfekte Wochenende suggeriert auch dieses Buch seinen Lesern, man sei der einzige Käufer, und die darin beschriebenen Attraktionen – »Geheimtipp«, »exklusiv«, »unberührt« – würden sich nicht mehr verändern: Auf immer echt und unmittelbar »von früher« würden sie auf einen warten.

»Unsere Conquista« hat der polnische Schriftsteller Andrzej Stasiuk den Tourismus genannt – schon wieder ein historischer Begriff. Die Vergnügungsreise, vermutet er, bezieht sich nicht auf fremde oder unbekannte Dinge. »Sie versucht nur das zurückzubekommen, was uns vorenthalten wurde durch eine Laune der Geschichte, weggenommen, bevor wir es hatten.«[5] Der Verweis auf die begrenzte Lebenszeit jedes Reisenden (»… before you die«) lässt dabei ein ziemlich strenges Über-Ich auftreten. Die Wirksamkeit dieser Forderungen – man muss diese Orte gesehen haben, und zwar nur die wirklich wichtigen, authentischen – beruht vermutlich darauf, dass sie unerfüllbar sind. So genau man den Führer fürs perfekte Wochenende auch liest, man wird etwas vermasseln. So fleißig man auch reist, es wird einem nicht gelingen, alle diese einzigartigen Sehenswürdigkeiten zu besuchen, die nur noch jetzt sichtbar sind und die man sehen muss, bevor sie verschwinden oder man selber nicht mehr ist. Das Erlebnis der »noch« sichtbaren Vergangenheit, dem man nachreist, ist gerahmt mit stillen, aber umso wirksameren Drohungen von Versäumen und Verschwinden. Was für eine Rolle spielt dabei die Anrufung des »Authentischen« von früher in diesen Erzählungen?

Zeitstrudel: Vergangenheit vs. Geschichte

»Manifestos for History« hieß das Buch, das 2007 antrat, die Situation der Geschichtswissenschaft im 21. Jahrhundert neu zu bestimmen. Einer der Autoren, David Lowenthal, erzählt darin die Anekdote von einer Historikerin, die in der Sainte-Chapelle in Paris von einer englischsprachigen Touristin angesprochen wird. Was das für ein Ort sei?

Eine Kirche, antwortet die Historikerin, gebaut vom heiligen Ludwig.

»Heiliger Ludwig?«, fragt die Besucherin.

»Ja, ein französischer König, der auf Kreuzzug ging.«

»Kreuzzug?«

»Ja, er ging auf eine Reise übers Mittelmeer und brachte eine Reliquie zurück, die Dornenkrone …«

»Dornenkrone?«, fragt die Touristin wieder zurück, noch verwirrter.

An diesem Punkt gibt die Erzählerin auf. Sie fühlt sich außerstande, die Bedeutung der Kirche jemandem zu erklären, der als Tourist in Paris unterwegs ist, aber von historischen Grundlagen nicht die geringste Ahnung hat.[6] Wer sich professionell mit Geschichte beschäftigt, hat vielleicht schon ähnliche Erlebnisse gehabt; und viele Historikerinnen und Historiker würden in Lowenthals pessimistische Diagnose einstimmen, dass der Bezug zur Geschichte vom touristischen Infotainment, der Unterhaltungsindustrie und den digitalen Welten unmittelbar bedroht sei.

Aber so vertraut das klingt, stimmt es eigentlich? Tatsächlich hat das, was man am Beginn des 21. Jahrhunderts in der Sainte-Chapelle in Paris sieht, mit der ursprünglichen, Mitte des 13. Jahrhunderts gebauten Kirche nur indirekt zu tun. Im 17. Jahrhundert brannte die Kirche aus und wurde nur teilweise wieder instandgesetzt. Ein großer Teil der heute sichtbaren Bausubstanz und der Glasfenster stammt deshalb nicht aus dem Mittelalter, sondern aus der Mitte des 19. Jahrhunderts, als die Kirche komplett restauriert wurde.[7] Was die Touristin heute sieht, geht deshalb nur teilweise auf einen französischen König des 13. Jahrhunderts, auf Kreuzzug und Reliquien zurück. Es hat ebenso viel mit der Reaktion des 19. Jahrhunderts auf die Verwüstungen der Französischen Revolution zu tun, mit der Klassifizierung der Kirche als historisches Monument und schließlich mit dem modernen Massentourismus des 20. Jahrhunderts. Mit ihm wurde aus der Sainte-Chapelle statt eines für die Vermittlung religiöser Dienstleistungen bestimmten Baus eine touristische Sehenswürdigkeit voller fotografierender Menschen – und das ist etwas völlig anderes. Und was macht eigentlich unsere Berichterstatterin, die genervte Historikerkollegin, in der Sainte-Chapelle? Forschen?

Das Adjektiv, das ich die ganze Zeit benutzt habe, »historisch«, steht für ein Paradox. Ist Geschichte etwas, das jetzt vorhanden und greifbar ist? Kaum. Aber so richtig weg ist sie auch nicht. Der alltägliche

Sprachgebrauch legt nahe, dass Geschichte zwar vergangen ist. Gleichzeitig aber erscheint sie als etwas, das eine Person, eine Institution, ein Gegenstand oder ein Gebäude ›hat‹, als etwas, das immer noch gegenwärtig ist und in das man (etwa beim Besuch einer alten Stadt oder einer Kirche aus dem 13. Jahrhundert) ›eintauchen‹ kann. Dieser Sprachgebrauch – praktisch, aber widersprüchlich – beruht darauf, dass er eine grundsätzliche Unterscheidung verschwinden lässt, nämlich die zwischen Vergangenheit und Geschichte.

Beide Begriffe werden häufig als Synonyme verwendet, bezeichnen aber sehr Verschiedenes. Denn Vergangenheit ist unwiderruflich vorbei. Egal ob sie mehrere Jahrhunderte, Jahre oder nur Wochen zurückliegt: Sie ist zwar vom Standpunkt des Sprechers unterschiedlich weit weg, aber gleich unerreichbar, ein für immer unzugänglicher Zeitbezirk. Geschichte dagegen ist die Darstellung dieses Abwesenden. Sie muss erzählt und präsentiert werden, und deswegen hat sie (auch und gerade dann, wenn sie die Geschichte weit zurückliegender Epochen ist) ziemlich lebendige Protagonisten. Geschichte spielt sich immer in der Gegenwart ihrer Erzähler und ihres Publikums ab.

Die Unterscheidung mag auf den ersten Blick umständlich wirken oder banal; sie hat aber für das, was Touristen und Historiker tun, eine Reihe von Konsequenzen. Im Rohzustand, also jenseits der ordnenden Erzählungen, ist Vergangenheit nur als lückenhafter, heterogener und mehrdeutiger Bestand an Überresten greifbar. Die vermeintlich selbstbewusste Rede von einer ›eigenen‹ oder ›unserer‹ Vergangenheit in der ersten Person vermittelt vor allem eine gewisse Hilflosigkeit angesichts dieser unerreichbaren Zone: Vergangenheit kann nicht mehr verändert, verbessert oder repariert werden, und sie weiß auch nichts von allen späteren Anstrengungen, sie zu kommentieren. Es sei denn, man verwandelt sie in Geschichte, und das heißt, in form-, knet- und veränderbare Erzählungen mit Rückkopplungsschleife, in der auch die Erzähler des Vergangenen und ihr Publikum einen Platz finden können, nachträglich.

Das vertrackte Verhältnis zwischen der unzugänglichen und endgültig verschwundenen Vergangenheit (samt ihren widerspenstigen und widersprüchlichen Überresten) und der Geschichtserzählung (samt ihrer genießerischen Neigung zum Erzählen, Erklären und Ausschmücken) hat die Theorie der Geschichtswissenschaft in den letzten 150 Jahren intensiv beschäftigt.[8] Walter Benjamin hat 1931 für diese schwer fassbaren und in dauernder Bewegung und Veränderung begriffenen Erscheinungsformen der Ereignisse von früher ein schönes Bild gefunden. Das Historische, überlegt er, könne nicht als gerichteter Strom in einem Flussbett beschrieben werden, sondern nur als Strudel, in dem sich Zeiten mischen. »In solchem Strudel kreist das Früher und Später – die Vor- und Nachgeschichte eines Geschehens oder besser noch eines Status um diesen.«[9]

Dieser bewegliche Strudel kann nur durch Erzählen organisiert werden. Erzählen klingt wie eine selbstverständliche harmlose Tätigkeit, aber sie ist nie neutral. Jede Erzählung verändert das Material, das sie präsentiert. Damit die Erzählung des Strudels, also der undarstellbar großen, gemischten, vielfältigen und dauernd bewegten Vergangenheit, überhaupt gelingen kann, muss das Ergebnis – die Geschichte nämlich – kohärent sein und einen logischen und zusammenhängenden Ablauf aufweisen, der den strudelnden Ereignisketten der Vergangenheit gewöhnlich fehlt. Damit eine solche Geschichte erfolgreich ist, muss sie außerdem Fremdheit reduzieren. Sie muss inhaltliche Entsprechungen organisieren und Ähnlichkeiten auftauchen lassen, Motive, die das Publikum bereits kennt und die es wiedererkennen kann.[10]

Schließlich muss Geschichte als Erzählung temporale Zugehörigkeit schaffen: Sie muss lange, vermeintlich ohne Unterbrechungen tief in die Zeit zurückreichende und bedeutungsstabile Überlieferung erzeugen. Das ferne Ereignis von damals – der Bau einer Kirche durch einen französischen König vor 700 Jahren, in unserem Beispiel – muss mit dem jeweiligen Heute verbunden werden, in dem sich das Publikum befindet. (Die restaurierte Sainte-Chapelle wurde 2015 feierlich wiedereröffnet, finanziert durch private Sponsoren und die Kulturstiftung einer dänischen Fensterfabrik.) Die Arbeit dieses Verknüpfens, des Aneinanderheftens vom Alten ans Neue, ist das, was wir gewöhnlich als »Tradition« bezeichnen. Tradition ist, anders gesagt, nicht ein Möbel, das immer schon da war, in der Ecke steht und still von sich selbst kündet. Sie ist keine Dekoration oder Atmosphäre, sondern Arbeit; etwas, was jemand tut.

Diese beiden Techniken – die Organisation von Wiedererkennungseffekten und das nachträgliche Herstellen von Kontinuitäten – sind die Klebstoffe der historischen Erzählung, mit denen Geschichten, Bilder und Artefakte aus der Vergangenheit an die Gegenwart geheftet werden. Als Beleg für diese angeblichen Analogien und Überlieferungsketten kann aber – denn das verlangt die Ökonomie der Darstellung – nur ihr genaues Gegenteil präsentiert werden, nämlich Beispiele, Schnipsel und Clips. Geschichte unterscheidet sich dadurch von der Vergangenheit, dass sie ihrem Publikum so wenig Zeit wie möglich abfordert. Sie ist kurz, knapp und eingängig, nach dem Lustprinzip organisiert. Deswegen mögen wir es so gern, wenn etwas fast, aber noch nicht ganz verschwunden ist. Auch dafür steht das kleine Wort »noch«, für das Vergnügen am pittoresken, aber rasch überschaubaren Rest.

Erinnerungsorte des Gefühls

Goltzstraße, Berlin-Schöneberg: Hier findet man Geschäfte für besonders feine Schokolade, für besonders feinen Biowein und besonders geschmackvolle Secondhand-Kleider. Ein paar Schritte weiter: »Das Alte Büro« (Adjektiv großgeschrieben – ein Laden für Büroeinrichtungen aus den 1930ern bis 1970ern), und die »Berliner Geschichtswerkstatt e. V.« – für besonders authentische und bodenständige Geschichte? Direkt nebenan befindet sich ein Reisebüro: Es bietet offensichtlich besonders empfindsame und literarisch wirkungsstarke Reisen an, denn es ist nach dem britischen Schriftsteller Bruce Chatwin benannt.

Am Ende des 20. Jahrhunderts wurde den Historikern klar, dass sich die Art, wie Bilder, Ursprungserzählungen und Monumente aus der Vergangenheit in der Gegenwart praktisch genutzt wurden, zu verändern begonnen hatte – langsam, aber unwiderruflich. Wenn von Geschichte – oder noch stärker: »unserer Geschichte« – die Rede war, ging es nicht mehr um die alten nationalstaatlichen, parteipolitischen und religiösen Identifikationen, die bis in die zweite Hälfte des 20. Jahrhunderts das Reden über Herkunft dominiert hatten, sondern um neue Dienstleistungssektoren. Geschichte war immer weniger ein moralisches Pflichtenheft und Exempel für kollektive Zugehörigkeit, sondern ein Materialreservoir für mitreißende Geschichten und private Erlebnisse.[11] Damit erschienen neue Formen von Identifikationsangeboten und emotional aufgeladenen Inszenierungen der Welten von früher. Historische Erinnerung und soziales Gedächtnis, so wurde deutlich, waren höchst bewegliche Aggregate und dauernd im Umbau.

Diese Diagnose wurde von manchen Wissenschaftlern in Deutschland mit optimistischen Einschätzungen verbunden. Von der »Pluralisierung« und der Vielsprachigkeit der Geschichtserzählungen war viel die Rede, von der Überwindung der engen nationalen und konfessionellen Zugehörigkeiten. Andere sahen das düsterer. Die kritische wissenschaftliche Beschäftigung mit der Vergangenheit, warnten deswegen die Autoren der bereits erwähnten »Manifestos for History«, drohe, von der Unterhaltungsindustrie, die das historische Material für ihre Zwecke plündere und verkitsche, und den Simulationen digitaler Welten aufgelöst zu werden.[12] Sehr viel pragmatischer (»Was sollen wir tun, um unsere Besucher bei Laune zu halten?«) wurden diese Phänomene in der Literatur zur Geschichtsvermittlung und zur Präsentation von Geschichte in Museen und Gedenkstätten diskutiert, gewöhnlich unter den Schlagworten der »living history« und des Re-enactments.[13]

Die akademische Geschichtswissenschaft im deutschen Sprachraum hat die vielfältigen Formen, in denen Geschichte für ein breites Publikum aufbereitet und ausgeschlachtet wurde, lange ignoriert. Das änderte sich an der Wende zum 21. Jahrhundert gründlich: Opern, Filme und Kinderbücher wurden jetzt auf ihre Beziehungen zu Erinnerungspolitik und Geschichtsbildern hin ebenso befragt und untersucht wie TV-Serien, Comics und Computerspiele. Vom Tourismus wollte die Erinnerungsgeschichte lange nichts wissen. In den großen Synthesen zur Geschichtskultur sucht man Hinweise auf Tourismus in seinen verschiedenen Formen vergeblich.[14] Bei den Theoretikern historischen Erzählens erschienen Romane und Träume, Fotografie und Kinofilme als Medien der Vorstellung und Darstellung von Geschichte, aber keine Touristen, obwohl die Geschichte des Reisens von der »Grand Tour« bis zum Pauschaltourismus der 1970er Jahre eingehend erforscht worden war. Auch in den kritischen Analysen nationaler Vergangenheitskonstruktionen kam der Fremdenverkehr nicht vor.[15] Wenn sich Historiker mit der Vergegenwärtigung der Vergangenheit beschäftigten, war Tourismus sehr lange kein Thema – zu alltäglich, kommerziell und banal.

Auf den zweiten Blick aber ist der Tourismus in der gelehrten Analyse der Geschichtskultur nicht völlig abwesend, sondern durchaus präsent: als unscharfe, aber negative Kontrastfolie. In seinem Essay über den Erinnerungsort Oberammergau zitiert etwa Etienne François einen 1980 erschienenen Zeitungsartikel als Beleg für die jahrhundertealte Identifikation der Bevölkerung mit dem Passionsspiel: »Wäre dieses Passionsspiel nur ein Produkt des Zynismus und der touristischen Interessen«, so der Journalist, »und nicht auch ein vielleicht absonderliches Dokument des Glaubens – so kämen bald auch keine Touristen mehr.« Und im Artikel über Verdun in der französischen Ausgabe der »Lieux de mémoire« dient die halbe Million Touristen, die heute jährlich die Schlachtfelder des Ersten Weltkriegs besuche, dem Autor als Beleg dafür, dass nach dem Versterben der überlebenden Veteranen das Gedächtnis nun kommerziell organisiert werden müsse. »Und so tritt die Historie an die Stelle eines intensiven Gefühls.«[16]

Haben Touristen keine intensiven Gefühle? Der französische Historiker Marc Bloch hat am Beginn der 1940er Jahre in seiner »Apologie der Geschichte oder der Beruf des Historikers« geschildert, wie er Jahrzehnte zuvor seinen berühmten Mediävistenkollegen Henri Pirenne auf eine Tagung nach Stockholm begleitete. Kaum angekommen, habe Pirenne gefragt: »Was sehen wir uns als erstes an? Angeblich gibt es hier ein sehenswertes neu erbautes Rathaus. Fangen wir damit an.« Und als wolle er dem Erstaunen seines Freundes zuvorkommen, so Bloch, habe er hinzugefügt: »Wenn ich Antiquitätenhändler wäre, hätte ich nur Augen für die alten Sachen. Aber ich bin Historiker. Deswegen liebe ich das Leben.«[17]

Das Stockholmer Rathaus, das die beiden Mediävisten besichtigen wollten, ist auch heute eine Touristenattraktion. Es wurde 1923 fertiggestellt; ein monumentales Backsteingebäude mit großem Turm im Stil der funktionalistischen Moderne. Das Gebäude sollte an ein 1697 zerstörtes königliches Schloss erinnern und mit seinem überwölbten Bürgerhof und den mit Mosaiken geschmückten Hallen gleichzeitig an Venedig, schrieb sein Architekt Ragner Östberg. Der »Goldene Saal« wurde ausdrücklich nach byzantinischen Vorbildern dekoriert. Eine besondere Attraktion ist bis heute eines der Tore, das Huvudportal: Die schwarzen Eichenbalken, aus denen es besteht, stammen vom Wrack des im 17. Jahrhundert gesunkenen Flaggschiffs »Riksäpplet« (Reichsapfel), das dafür 1921 in 15 Metern Tiefe gesprengt worden war.

Die Gegenwärtigkeit, die diese Sehenswürdigkeit für Henri Pirenne verkörpert hat, war sehr modern, aber aus ehrwürdig alten Versatzstücken zusammengesetzt. Dazu kann man natürlich »Leben« sagen, wie Pirenne es in Blochs Erinnerung tut, aber »Wiederbelebung« wäre mindestens ebenso passend. Wenn ein Ort zum Erinnerungsort wird, geht es immer um eine solche Verwandlung. Er wird damit ins Futur II verschoben: Er muss nicht nur von der Vergangenheit künden, sondern auch Informationen darüber enthalten, was ihn in Zukunft zum historischen Ort gemacht haben wird.

Das Monument kündet also von etwas, das einmal da war, dann verschwunden, aber jetzt für den Betrachter wieder sichtbar gemacht worden ist. In Anlehnung an Walter Benjamins Bild vom Strudel des Historischen könnte man hier von einem kleinen Zeitstrudel sprechen – aber Strudel nicht verstanden als Wirbel, in dem die Strömung sich um sich selbst dreht und fortwährend einsaugt und ausspeit, sondern als Süßspeise: übereinandergelegte Vergangenheiten verschiedener Herkunft, aufgerollt und dann in einem einzigen gut dekorierten Objekt konzentriert. Mit Puderzucker.

Solche Zeitstrudel sind relativ häufig. In Heidelberg kann man deswegen heute ein 1976 erbautes Parkhaus besichtigen, auf dem eine Tafel verkündet, hier habe sich die Wohnung des Philosophieprofessors Georg Wilhelm Friedrich Hegel befunden. Neben der Lieferanteneinfahrt eines Einkaufszentrums in der Münchner Innenstadt informiert eine ähnliche Bronzetafel, dass hier 1864 der Komponist Richard Strauss geboren worden sei. In der Furrengasse in Luzern, einer schmalen Gasse mit Häusern aus dem 16. und 17. Jahrhundert, verspricht ein chinesisches Restaurant »exclusive Asian dining«. Daneben ist in Stuck an der Fassade die Jahreszahl 1734 sichtbar. Über dem Eingang prangt eine große Messingtafel: »Stammlokal Richard Wagners« – der wohnte von 1866 an fünf Jahre bei Luzern.

Besichtigt werden können so mehrere Zeitebenen gleichzeitig: Das macht die Konzentration, denn das süße Dessert Strudel ist ja nie sehr groß. Die Vergangenheit, das unübersichtliche, weitläufige und auf immer unbetretbare Land, kann auf diese Weise an einem Ort als Geschichtsextrakt präsentiert werden. Wie das Stockholmer Rathaus 1923 seinen Besuchern die Retroaktivierung von abgebrannten Schlössern und untergegangenen Flaggschiffen ermöglicht (wohl nicht zufällig aus verschiedenen Epochen schwedischer Großmachtspolitik), so lässt sich die Präsenz, oder genauer: das einmal Dagewesen-, dann Verschwunden-, dann wieder Sichtbar-gemacht-worden-Sein berühmter Philosophen und Komponisten problemlos in urbanen Betonkisten und pittoresken Chinarestaurants beschwören. »Hier war es!« als Schlachtruf.

Wo finde ich das Echte?

Der Ich-Erzähler in dem Roman hat viele Sorgen, aber keine davon hat mit Geld zu tun. Er hat einen Unfall gehabt, eine große Operation und einen noch größeren Schadenersatz bekommen, aber sein Gedächtnis verloren. Jetzt versucht er sich zu erinnern. Er will zurück. Zurück an jenen Ort – ein altes Haus in einem Londoner Stadtviertel –, von dem er überzeugt ist, dass sich damals und dort alles unmittelbarer angefühlt habe, vor allem er selbst. »Plötzlich war mir vollkommen klar, was ich mit meinem Geld machen wollte. Ich wollte diesen Ort rekonstruieren und ihn betreten, damit ich wieder das Gefühl haben konnte, echt zu sein, wirklich.«

Tom McCarthys »8½ Millionen«, 2006 als ›Remainder‹ auf Englisch erschienen, ist eine smarte Parabel über Erinnerung, Nostalgie und ihre Dienstleister. Der Ich-Erzähler, ein etwas begriffsstutziger und zynischer Nachfahre von Rilkes Romanheld Malte Laurids Brigge, beauftragt schließlich eine Firma, den Ort seiner wahren Empfindung nachzubauen und mit dem passenden Personal neu zu bespielen. Die Firma trägt einen sprechenden Namen – »Time Control«. In der Erzählung zeigen sich besondere Konstellationen im Umgang mit etwas Verschwundenem als Sehnsuchtsziel, denen schon Hans Magnus Enzensberger 1958 seine »Theorie des Tourismus« gewidmet hat. Der Tourist agiert als Protagonist in einem von ihm selbst aufgeführten Theater, in dem er immer wieder zurückkehrt zu einem verlorenen Echteren, Wirklicheren, das er in der Vergangenheit zu finden meint. Solche Aufführungen haben stets einen melancholischen Grundton, sehr häufig verbunden mit einer kulturpessimistischen Klage über die Zerstörung des Authentischen und Schönen durch kommerzielle Nutzung – was Enzensberger mit trockener Ironie kommentiert.[18]

Die Reste der Vergangenheit, die am Beginn des 21. Jahrhunderts als Touristenziele dienen, sind mehr als nur Wahrzeichen des Authentischen und Ursprünglichen. Ihre Anbieter verstehen sich als Gefühlsdienstleister für die Besucher: Überreste der Vergangenheit werden dabei ebenso als Ort eines Ereignisses in der Vergangenheit präsentiert – »Hier war es!« – wie auch als ihre eigene (und stetig optimierte) Wiederholung und Visualisierung – »So war es!«. Vermittelt wird somit die Fiktion, der Besucher befinde sich gleichzeitig in mehreren

Zeitebenen: Denn erst diese Fiktion ist es, die ihm das »Erlebnis« des Historischen ermöglicht.

»Erlebnis« ist ohnehin ein interessantes Wort: Es lässt die subjektive Empfindung und ihren nachträglichen Ausdruck (denn das ist ja nicht dasselbe) bruchlos miteinander verschmelzen. Was genau dabei jeweils als Auslöser, Vorbild und Referenz des eigenen Erlebens dient, rückt in den Hintergrund. Historiker schreiben recht gerne vom Erlebnis, wenn es um Geschichtsbilder und Geschichtsvermittlung geht. Sehr viel weniger gerne und ausführlich denken sie darüber nach, wer da jeweils was genau erlebt hat, erleben kann oder erleben soll.[19]

Erlebnisse – das kennen wir aus unseren eigenen Reiseerfahrungen – stellen sich aber nicht unbedingt von selbst ein; vor allem dann nicht, wenn sie von der Begegnung mit etwas handeln sollen, das vor langer Zeit geschehen ist. Sie müssen organisiert werden. »Hier spricht die Firma Time Control, was kann ich für Sie tun?« Touristische Erlebnisse werden durch Wiederholung erzeugt – durch die Reproduktion von Erzählungen, Bildern und Ereignissen, die dem Publikum bereits bekannt sind und die es dann selbst wieder aufführt. Deswegen heißt das Berliner Reisebüro »Chatwins«: Für touristische Geschichtsbilder sind populäre Fiktionen und literarische Erfindungen eben kein Hindernis, sondern Materialreservoir. Wie Ansichtskarten und Souvenirs erzielen die touristischen Erlebnisse, bei denen es um historische Atmosphäre und Eintauchen »in die Geschichte« geht, ihre Wirkungen offensichtlich nicht trotz, sondern wegen ihrer Artifizialität.

In den meisten Fremdenverkehrsorten in Europa verkehrt in der Hochsaison ein Fahrzeug, das ausschließlich zur Beförderung von Touristen eingesetzt wird. Es ist ein Diesel- oder Elektroauto mit mehreren aneinandergehängten Waggons, das als Eisenbahn gestaltet ist. Es ist aber keine, es fährt auf Gummirädern, ohne Schienen. »Es wird Eisenbahn gespielt«, schreibt der Philosoph Robert Pfaller dazu, »auch wenn man nicht sagen kann, für wen. Weder die Touristen noch die Einheimischen fallen auf die Illusion herein, die dieses Fahrzeug darstellt. Die Illusion existiert neben einem besseren Wissen, von dem sie aufgehoben wird. Gerade dieses Nebeneinander scheint nun das Amüsante an der Sache auszumachen. Die Touristen, mehrheitlich vernünftige, erwachsene Menschen, zeigen sich beträchtlich erheitert von diesem Vehikel und seinem Gebrauch.«[20]

Welche Art von Vergnügen steckt in der Spielzeugeisenbahn? Touristische Inszenierungen von Geschichte haben oft den Charakter eines großen Spiels, sie sind Einladungen zum Mitmachen und Mitfühlen. Das kann einem – wie die Eisenbahn – infantil oder bizarr vorkommen. Ich würde aber vorschlagen, diese spielerischen Aufführungen ernst zu nehmen, einfach deswegen, weil sie da sind, ebenso wie die kitschigen Souvenirs, die erstaunlichen Ansichtskarten und die wunderbare Wiederbelebung von Ereignissen aus der Vergangenheit. Touristische Inszenierungen verstecken ihre Künstlichkeit nicht, im Gegenteil. Wie das stolze *making of* von Actionfilmen führen sie diese Artifizialität als selbstbewussten Ausweis ihrer eigenen Wirkung vor: »So haben wir das gemacht«.

Die Wirkung dieser Inszenierungen beruht dabei auf Wiederholung, im doppelten Sinn von Reproduktion und Neuerschaffung, und auf Wiederholbarkeit: Je häufiger und intensiver das Erlebnis reproduziert und nachgespielt wird, desto mehr Echtheit kann es beanspruchen. Deswegen werden die in den touristischen Geschichtsinszenierungen prominent hervorgehobenen Verweise auf Originale, seien es Originaltexte, die häufigen Wendungen vom historischen »Originalschauplatz« oder, noch schöner, vom »Originalkostüm« in den Spektakeln der »living history« und der historischen Reenactments, immer kombiniert mit der Selbstdarstellung der Macher, der Museen, Vereine und Veranstalter. Wir sind gewohnt, solche demonstrativ künstlichen vervielfältigten Bilder und die durch sie reproduzierten Erlebnisse mit zwei Entwicklungen in der zweiten Hälfte des 20. Jahrhunderts in Verbindung zu bringen: mit dem Aufstieg der Unterhaltungsindustrie und mit dem Siegeszug der elektronischen Medien. Es ist außerdem naheliegend, sie als künstlich, irreführend und als stereotype Wiederholungen einiger weniger Motive zu entlarven, als letztlich inhaltsleere Simulationen und Simulakren. Aber originell ist das nicht: Die scharfe Kritik am Tourismus als Künstlichkeit und Lüge ist keine Errungenschaft einer kritischen Moderne, sondern hat ihn seit seiner Entstehung von Anfang an begleitet, wie wir sehen werden.

Willkommen in Banalistan

Es ist verlockend, sich über die Touristin in der Sainte-Chapelle, das Berliner »Chatwins«-Reisebüro und die Besucher in der Touristen-Spielzeugeisenbahn lustig zu machen. Ironie bietet schnelle Erleichterung, aber sie klebt einen dauerhaft an das, worauf man sich spottend bezieht. Am liebsten würde man das aufdringliche Phänomen zum Verschwinden bringen; aber weil man das nicht kann, spottet man. Normalerweise machen wir spöttische Witze über Dinge, die uns bedrängen: Fun ist, anders gesagt, kein Spaß. Deswegen ist das hier ein so ernsthaftes Buch wie möglich, gerade weil es in den folgenden Kapiteln um Fiktionen, Kitsch und historische Inszenierungen geht, die einem banal und grotesk vorkommen können. Aber irrelevant sind sie nicht, schon allein aus ökonomischer Sicht: Fremdenverkehr ist der drittgrößte Anbieter von Dienstleistungen auf dem Planeten.

Dazu kommt noch ein weiterer Aspekt, und der ist persönlich. Die Arbeit der Geschichtswissenschaft beginnt gewöhnlich mit der Frage, ob ein Text, ein Artefakt, ein Gegenstand, ein Bild wirklich in jener Epoche entstanden ist, aus der es Informationen verspricht. Danach kommt eine zweite Frage: Wie ist der Text, das Bild, der Gegenstand von seiner Entstehungszeit eigentlich bis zu uns gelangt, wer hat für wen überliefert? In den folgenden Kapiteln ist relativ viel vom Mittelalter die Rede. Das ist mein engeres Fachgebiet, und in einem vor zehn Jahren erschienenen Buch über Mittelalterinszenierungen in der Moderne hatte ich geschrieben, mit dem Ende des Kalten Kriegs sei es endgültig vorbei mit der Proklamierung nationaler mittelalterlicher Ursprünge.[21] Dann kamen aber immer neue Gedenkveranstaltungen und Mittelalterjubiläen, jedes pompöser und politisch aufgeladener als das vorhergehende, und ich rieb mir die Augen: Ich hatte falsch gelegen. Wer erinnerte da woran und für welches Publikum?

Aus dem Banalen, dem Nicht-Wissenschaftlichen, dem aufdringlich Kommerziellen und Populären kann man offensichtlich ganz anderes über Geschichtsgebrauch lernen als aus meinen theoretischen

Überlegungen und denen meiner Kollegen, und ich möchte verstehen, was da passiert. Nachsitzen hieß das früher in der Schule. Für dieses Buch ist daraus ein Nach-Reisen geworden, eine Folge von Lokalaugenscheinen im authentischen Banalen. *Authentès* bezieht sich in seiner ältesten überlieferten Wortbedeutung auf den, der mit eigener Hand etwas tut. Wie sah es vor Ort im schönen Retroland aus, wo die Vergangenheit immer noch da war, ganz original und authentisch?

Denn das richtige Authentische kann nur vom Früher stammen – fragt sich allerdings, aus welcher Vergangenheit genau. Authentizität, hat der Zeithistoriker Martin Sabrow angesichts der explodierenden Vielfalt entsprechend angepriesener touristischer Erlebnisangebote bilanziert, sei kein erforschbares Merkmal der historischen Überreste selbst. Untersuchen lasse sich nur der Gebrauch dieser Kategorie, also die Beziehung zwischen der Sehenswürdigkeit und ihrem Betrachter.[22] Die touristische Nutzung von historischem Material macht dabei deutlich, wie elastisch die vermeintlich feste Zeitlichkeit ausfallen kann, in der wir uns im Alltag bewegen, als Wiederentdeckung, Retroaktivierung und unkontrollierbare Vervielfältigung. Welche Phänomene der Wirklichkeit lassen sich mit den vertrauten Kategorien der Geschichtswissenschaft nicht beschreiben, weil sie zwar da sind, aber nicht integriert in das Selbstverständnis der Gelehrten? Denn das unterscheidet die Fiktionen des Eintauchens in die Geschichte von den wirklichen, gewöhnlich weit weniger vorzeigbaren und glanzvollen Vergangenheiten: Im Traum, im Film und in all den anderen künstlichen Welten gibt es keine Zweifel daran, ob es wirklich so war.

»Banal«: Das Adjektiv ist in dieser Einleitung ziemlich oft gefallen. Es ist ein interessantes Wort mit einer noch interessanteren Geschichte. Im 18. Jahrhundert ins Deutsche eingewandert, ist es abgeleitet vom »ban« des mittelalterlichen Französisch, dem Recht des Feudalherren, seinen Untertanen die Nutzung bestimmter Dienstleistungen und Institutionen zwingend vorzuschreiben. Banal im eigentlichen Sinn bezeichnet also etwas, was das Resultat einer eingeschränkten Wahl ist, etwas, das man sich nicht selbst ausgesucht hat. Touristische Geschichtsinszenierungen sind diesem Banalen intensiv verbunden, weil sie es immer wieder neu und frisch zur Verfügung stellen müssen. Sie versprechen, inmitten des Banalen dessen genaues Gegenteil zu präsentieren – das Aufregende, Echte, Unmittelbare von früher.

Von diesen Bemühungen handelt dieses Buch. Willkommen im Retroland, der geträumten Zone der verlangsamten Zeit, der unmittelbaren Empfindungen, des pittoresken Authentischen – und seiner langen Vorgeschichte.

2 Sacri Monti: Pilger, Humanisten und Fremdenführer in die Vergangenheit

»Der österreichische Tourismus ist kein Phänomen der Gegenwart, seine Wurzeln reichen bis ins 14. Jahrhundert zurück.« (Homepage der österreichischen Fremdenverkehrszentrale, Menü »Geschichte«, 2011)

»Den Schlüssel zum Paradies«, sagt der Führer lächelnd, »den habe ich.« Dann entriegelt er das vergitterte Eingangstor zur Kapelle Nr. 23 auf dem höchsten Punkt des Aussichtsbergs. Sacro Monte di Crea, Piemont: Draußen hat man einen wunderbaren Ausblick über die Hügel des Monferrato und den Alpenbogen im Norden. Im Inneren hängen bunte Terrakotta-Engel von der Decke (rosa Stalaktiten mit Harfe und Trompete), und an den Wänden thronen lebensgroß die gekrönte Muttergottes, Gottvater und der wiederauferstandene Erlöser über dem Betrachter, umringt von den Heiligen, Kardinälen, Päpsten und einfachen Gläubigen. Insgesamt über 300 Figuren – es ist recht voll im Reich der Seligen. »Il Paradiso« heißt die Kapelle, im 17. Jahrhundert fertiggestellt: die größte und prunkvollste unter den vielen anderen auf diesem Berg, wo man neben der Geburt und der Verkündigung Marias auch die Hochzeit von Kanaa, das letzte Abendmahl, die Kreuzigung und die Auferstehung besichtigen kann, lebensgroß, dreidimensional und in Farbe.

Passionsgeschichte zum Anfassen

Crea ist einer von insgesamt neun Sacri Monti, die im Piemont und in der benachbarten Lombardei im 16. Jahrhundert errichtet und in Schüben bis ins 19. Jahrhundert weitergebaut wurden – umfangreiche Anlagen mit Dutzenden Kapellen, die meisten unvollendet. Die älteste, Varallo, geht auf das späte 15. Jahrhundert zurück. Nach seiner Rückkehr von der Pilgerfahrt ins Heilige Land beschloss der Franziskanermönch Bernardino Caimi 1478, erschüttert von den Drohungen und Misshandlungen durch die Ungläubigen, denen christliche Pilger in Jerusalem ausgesetzt seien, wie er schrieb, exakte Repliken der heiligen Stätten im sicheren Italien zu errichten. 1486 erhielt Caimi die Erlaubnis des Papstes, auf einem gestifteten Stück Land oberhalb der Stadt Varallo ein Kloster und einen neuen Wallfahrtsort zu errichten. 1491 war die erste Kapelle fertiggestellt, die eine perfekte Nachbildung des Heiligen Grabes enthielt; 1493 zwei weitere, in denen die Grablegung und die Himmelfahrt Christi besichtigt werden konnten. In den folgenden Jahren wurden Nachbildungen der Grotten von Nazareth und Bethlehem, eine Kapelle der schlafenden Jungfrau auf dem Berg Sion und eine Replik des Grabes der Jungfrau im Tal Josafat errichtet – alles Sehenswürdigkeiten, die in den zahlreichen spätmittelalterlichen Führern für die Reise ins Heilige Land ausführlich beschrieben und abgebildet waren.

Wenige Jahre später, im August 1498, ereignete sich in einer der Kapellen von Varallo ein Wunder: Eine prominente Dame vom Hof des Mailänder Herzogs Ludovico il Moro (die Gattin seines Finanzministers, weiß die Broschüre) konnte ihr gelähmtes Bein wieder bewegen, und der Sacro Monte stieg zum erfolgreichen Wallfahrtsort auf. 1514 erschien der erste gedruckte Führer, und in den ersten Jahrzehnten des 16. Jahrhunderts ließ Caimis Nachfolger unter der Leitung des Malers und Bildhauers Gaudenzio Ferrari weitere Kapellen errichten, in denen man noch mehr Szenen der Heilsgeschichte mit originalgroßen Figuren besichtigen konnte, von der Verkündigung über die Anbetung der Hirten, den Besuch der Heiligen Drei Könige und die Beschneidung Christi bis zur Kreuzigung. Der ursprüngliche Plan, exakte Repliken der heiligen Stätten in Jerusalem zu errichten, wurde erweitert zu einer dreidimensionalen Darstellung der gesamten Passionsgeschichte. Varallo sollte all das, von dem die Bibel berichtete, in bunten lebensgroßen, mit Kleidern und Haaren ausgestatteten Figuren zeigen.

Damit zog der Ort nicht nur Besucher an, sondern auch prominente Sponsoren: Der letzte Herzog von Mailand besuchte den Wallfahrtsort ebenso wie sein Nachfolger, der spanische Regent Alfonso d'Avalos. Das Heilsgeschehen der biblischen Antike wieder sichtbar zu machen, nicht nur in Nacherzählungen und zweidimensionalen Bildern, sondern quasi lebendig, in Aktion und zum Anfassen: Das war das Programm der Sacri Monti, die im letzten Drittel des 16. und am Beginn des 17. Jahrhunderts zu einem der Zentren gegenreformatorischer Stiftungs- und Bautätigkeit wurden. Es wurde systematisch vorangetrieben von Carlo Borromeo, dem Erzbischof von Mailand, und vom Herzog von Savoyen und den lokalen Adeligen und Bischöfen gefördert.

Das Konzept, verschwundene oder unzugänglich gewordene Monumente, Bilder und Objekte aus der Vergangenheit so neu zu schaffen, dass sie den ästhetischen und technischen Ansprüchen der jeweiligen

Gegenwart genügen, ist älter. Angebliche Steine aus der Geburtsgrotte in Bethlehem und Erde aus dem biblischen Golgatha waren seit dem Hochmittelalter in Rom verehrt worden. Auch die bronzene Statue der römischen Wölfin, die heute in den Kapitolinischen Museen zu sehen ist, wurde sehr wahrscheinlich im 12. oder 13. Jahrhundert hergestellt, sorgfältig den Beschreibungen aus überlieferten antiken Texten nachgebildet. Im 12. Jahrhundert wurde auch das angebliche Schild am Kreuz Christi hergestellt, der in einer römischen Kirche aufbewahrte »Titulus Crucis«.[1] Der Erzbischof von Pisa ließ zwischen 1189 und 1192 ganze Schiffsladungen von Erde aus Palästina in die Toskana bringen und darauf 1203 neben der Kathedrale den »Campo Santo« errichten, auf dem man sich bestatten lassen konnte.

Nicht nur solche Hardware der Heilsgeschichte schien den Weg aus dem Heiligen Land nach Europa zu finden, sondern auch ganze Gebäude: Nach der Eroberung des Heiligen Landes durch die Ungläubigen, so die Legende, sei das Geburtshaus der Muttergottes in Nazareth von Engeln in die Luft gehoben und quer über das Mittelmeer nach Italien transportiert worden. Gelandet sei es in Loreto: Dort wurde es, zusammen mit einem wundertätigen Marienbild, rasch zu einem erfolgreichen Wallfahrtsort, in dem Hunderttausende von Pilgern die Steine des originalen Hauses in einer darüber erbauten Kirche besuchten; das älteste erhaltene schriftliche Dokument darüber – der Bericht eines englischen Pilgers – stammt aus den Jahren um 1455.[2]

Im selben Zeitraum, in den Jahrzehnten um 1450, erreichten die Wiederentdeckung und die Dokumentation von Überresten aus der Antike in Italien einen ersten Höhepunkte. 1446 hatte der Humanist

Flavio Biondo seine »Roma instaurata« publiziert, eine Darstellung der Monumente und der Topographie des antiken Rom, 1453 seine »Italia illustrata«, in der er antike Überreste in Mittelitalien beschrieb – beide wurden rasch in Dutzenden Abschriften verbreitet und sind heute vielzitierte Leistungen der humanistischen Geschichtsschreibung. Rom bot auch Zeugnisse der christlichen Antike: 1414 wurde die marmorne Treppe, die von der römischen Kapelle Sancta Sanctorum zum Lateranspalast führte, als Treppe des Pilatus bezeichnet, und 1450 erklärten Chronisten anlässlich des Heiligen Jahres, sie sei aus eben jenen Steinen erbaut, aus denen der Palast des Statthalters in Jerusalem bestanden habe.[3]

Gleichzeitig wurden auch ältere christliche Kultbilder, deren Existenz vor Ort über Jahrhunderte undokumentiert geblieben war, »neu entdeckt« und propagiert. 1464 besuchte Papst Pius II. den Wallfahrtsort Loreto; um 1470 erschienen zwei lateinische Beschreibungen, in denen der wunderbare Transfer des fliegenden Hauses ausführlich dargestellt wurde; 1476 wurde Loreto direkt der römischen Kurie unterstellt; zwischen 1507 und 1538 erhielt das Haus eine spektakuläre marmorne Hülle mit üppigem neu-antikem Figurenschmuck.[4] Ein Monument aus der Vergangenheit war etwas, das man erweitern und verbessern konnte. 1471 hatte Papst Sixtus IV. die Statue der römischen Wölfin der Stadt Rom geschenkt, um sie auf dem neu gestalteten Platz vor dem Kapitol aufzustellen. Vermutlich bei dieser Gelegenheit wurden auch die Figuren der beiden Zwillinge Romulus und Remus hinzugefügt.

Exakte Kopien des Hauses der Muttergottes aus Loreto hatten schon im 15. Jahrhundert in Mittelitalien selbst neue erfolgreiche Wallfahrtsorte begründet – es waren diese Kopien, die das durch sie nachträglich erzeugte Original affirmierten und in seiner Wirkung verstärkten. Bereits im Hochmittelalter waren an vielen Orten in Europa, von Aquilea und Bologna über Dijon, Cambridge und Segovia bis nach Esztergom, Augsburg und Konstanz, Repliken des Heiligen Grabes erbaut worden, die beanspruchten, dem zerstörten und mehrfach wieder aufgebauten Original in Jerusalem exakt zu entsprechen. In der zweiten Hälfte des 15. Jahrhunderts wurden zahlreiche weitere errichtet, etwa in Florenz (1467), Görlitz (1481/89), Zwickau (1507) und Nürnberg (1513). Sie alle konnten im zeitgenössischen Verständnis dem frommen Besucher denselben spirituellen Nutzen bringen wie eine Pilgerfahrt nach Jerusalem: Das Original kam als Vervielfältigung zu seinen Besuchern. Papst Innozenz VIII. bewilligte 1491 den Besuchern solcher Repliken vollständigen Ablass, unter anderem auch den Pilgern zu Bernardino Caimis Sacro Monte in Varallo. Wie eine Wallfahrt ins Heilige Land ermöglichte der Ausflug zu einem solchen Monument den Erwerb spiritueller Vergünstigungen, inklusive deren positiven Auswirkungen für die eigene Zukunft im Fegefeuer – eine fromme Zeitreise im mehrfachen Sinn des Wortes. Den Glauben an die Macht der exakten Kopie des segensreichen biblischen Monuments konnte man auch persönlich umsetzen: In Augsburg ließ ein wohlhabendes Patrizierehepaar 1507 seine eigene letzte Ruhestätte exakt »in der mass und form« errichten wie »die begrebnus unseres lieben herrn Jhesu Christ in Iherusalem«.[5]

»Retroaktivierung« haben die Kunsthistoriker Alexander Nagel und Christopher Wood diese Phänomene genannt, die in den Jahrzehnten um 1450 viele neue und zugleich uralte fromme Überreste entstehen ließen. Die exakte Wiederherstellung des authentischen Alten weichte die Grenzlinie zwischen der Gegenwart und der unzugänglich gewordenen Vergangenheit auf und machte sie elastisch und durchlässig. Wenn die Kopie präzise, kunstreich und aufwendig genug gefertigt war, ermöglichte sie eine physische Verbindung mit dem, was sie darstellte, dem Heilsgeschehen vor eineinhalb Jahrtausenden.

In Varallo haben die Besucher des Sacro Monte dieses Versprechen eines körperlichen Erlebnisses sehr ernst genommen. Die Kapellen mit den Szenen aus der Heilsgeschichte waren frei zugänglich: Sie zu betreten ermöglichte, selbst am Geschehen in der Vergangenheit teilzunehmen. In den Bethlehemkapellen, die Gaudenzio Ferrari am Beginn des 16. Jahrhunderts dort gestaltet hatte, scheinen die lebensgroßen Figuren mit dem Betrachter direkten Blickkontakt aufzunehmen. Sie machten den Besucher im Wortsinn zum Augenzeugen der Heilsgeschichte. Mehr noch: Ein vor den Weisen aus dem Morgenland seitlich angebrachtes Fenster ermöglicht sogar, die Ehrerbietungen der Heiligen Drei Könige aus der Perspektive der Muttergottes und des Christuskindes in der Wiege zu sehen – als ob es der Betrachter selbst wäre, vor dem der erste König in die Knie geht und seine Kopfbedeckung zieht.

Niemals zuvor, schrieb der humanistisch gebildete mailändische Kanzler Girolamo Morone nach seinem Besuch 1507 in einem Brief, habe er etwas Frömmeres und Andächtigeres gesehen, das das Herz stärker durchdringe und einen alles andere vergessen mache.[6] Ein Behälter mit Teilen des Kreuzes, der Geißelungssäule, den Gefäßen, in denen Christus Wasser in Wein verwandelt hatte, und anderen Reliquien, die Caimi angeblich aus dem Heiligen Land mitgebracht hatte, wurde am Fuß des Kreuzes in der obersten Kapelle aufbewahrt. Viele

2 Gaudenzio Ferrari: Besuch der Heiligen Drei Könige, Sacro Monte di Varallo, frühes 16. Jahrhundert

Pilger berührten ihn mit ihren Rosenkränzen, um ihrer Gnadenwirkungen teilhaftig zu werden und diese in materieller Form nach Hause mitnehmen zu können. Kein Besucher solle sich schämen, wenn er an bestimmten Orten des Rundgangs in Tränen ausbreche, schrieb der 1514 gedruckte Führer zu den Sehenswürdigkeiten von Varallo: Die Pilger streichelten und küssten das Christuskind in der Wiege und das Haar, die Dornenkrone und den Körper des misshandelten und gekreuzigten Erlösers. Wer Varallo besuchte, kam dem Körper des vor eineinhalb Jahrtausenden Gekreuzigten so nahe wie möglich. In dieser begehbaren 3-D-Version der Passionsgeschichte konnte man durch Besuch verschiedener Kapellen die Zeit selbst nach Belieben vor- oder wieder zurücklaufen lassen. Und das war nur einer der vielen Vorzüge, welche die Pilgerfahrt zu den Remakes gegenüber der Reise ins wirklich existierende Heilige Land zu bieten hatte. »Hört auf mit dem Wallfahren nach Jerusalem!«, schrieb deswegen der Kanzler Morone enthusiastisch – und kommt stattdessen nach Varallo.[7]

Dieses intensive Nacherleben der Passionsgeschichte wurde in der zweiten Hälfte des 16. Jahrhunderts durch Umbauten und neu konzipierte Erweiterungen kontrolliert und in diszipliniertere Formen gebracht. Während der religiösen Umbrüche der Reformation war auch Varallo in eine Krise geraten. Der Ausbau stockte; erst Anfang der 1560er Jahre wurden die Arbeiten wiederaufgenommen. Bis zum Beginn des 17. Jahrhunderts wurden weitere Kapellen errichtet, die unter anderem der Verkündigung Mariä, dem Massaker an den Unschuldigen Kindern und der Taufe Jesu gewidmet waren. Geplant, aber nicht verwirklicht wurden teilweise unterirdische Bauwerke, die Limbo, Fegefeuer und Hölle zeigen sollten.[8] Realisiert wurde dagegen eine dreidimensionale Darstellung von Adam, Eva und der Schlange, die sich heute am Beginn des Berges befindet, gleich hinter dem Eingang. Die ersten Menschen im Paradies sind dort umgeben von eindrucksvollen exotischen Tieren; einige von ihnen fixieren durchdringend den neugierigen Betrachter, der durch das Gitter schaut.

Jede der heute insgesamt 48 Kapellen wurde mit einem Schild versehen, mit dem sich durch Zitate aus dem Alten und Neuen Testament jeder Besucher versichern konnte, dass die gezeigte Szene genau der biblischen Überlieferung entsprach – eine Absicherung gegen reformierte Kritiker. Die neu errichteten Kapellen wurden ebenso wie die (teilweise umgebauten) alten mit großen geschnitzten Holzgittern versehen. Von nun an konnten die Besucher die Körper der Apostel,

3 Michele Prestari (zugeschrieben): Adam und Eva im Paradies, Sacro Monte di Varallo, frühes 17. Jahrhundert

der Muttergottes, des Herodes, des Erlösers und seiner Peiniger nicht mehr anfassen, sondern nur noch aus bestimmten dafür vorgesehenen Gucklöchern betrachten – die Kapellen von Varallo wurden zu Sehmaschinen, die besondere Effekte ermöglichten.[9] Unübersehbar waren auch die direkt vor den Gittern angebrachten großen Spendenbüchsen, mit »Elemosina« beschriftet: nicht nur schauen und fühlen, sondern auch dafür spenden.

1608 wurde schließlich eine exakte Kopie jener »Scala Santa« errichtet, die angeblich aus dem Palast des Pontius Pilatus nach Rom gebracht worden und dort ab dem 15. Jahrhundert zur frommen Sehenswürdigkeit für Pilger aufgestiegen war. Ergänzt wurde die erweiterte Inszenierung durch eine besondere Beleuchtung, die ab 1561 in den Quellen erwähnt wird, finanziert von privaten Stiftern, und durch besondere Gerüche – nicht nur mit Weihrauch und Myrrhe

4 Gabriele di Cristoforo Bossi (zugeschrieben): Christus in der Taufe, Sacro Monte di Varallo, 1583/84

erzeugt, sondern auch mit Duftölen, dem Einsatz von Zypressenholz und der Anpflanzung besonders aromatisch riechender Pflanzen in der die Kapellen umgebenden Gartenanlage. In den christlichen Beschreibungen des Paradieses hatten seit dem Mittelalter die intensiven Wohlgerüche dieses unerreichbar gewordenen Gartens eine besondere Rolle gespielt.[10] Einige Jahre zuvor war auch eine Herberge für Pilger eröffnet worden, das erste Hotel auf dem heiligen Berg. Der Maler Federigo Zuccari, der Varallo 1598 besuchte, nannte den Ort eine »delizia«, ein einzigartiges Vergnügen. Nicht nur wegen der Kunstwerke in den Kapellen, schrieb er, sondern auch wegen der unglaublich langen Treppe aus Stein. Sie bestehe aus dreihundert oder mehr Stufen und führe ganz geradewegs nach oben. »A prima vista mostra di conduirsi al Paradiso«: Auf den ersten Blick scheine sie geradewegs ins Paradies zu führen.[11]

Geschichte machen

Frömmigkeit als »delizia« – die Geschichte der Sacri Monti taugt dafür, gleich ein paar der Kategorien durcheinanderzubringen, mit denen die vermeintlich strenge, fromme Vormoderne üblicherweise beschrieben wird. Sie waren als Erlebnisparks konzipiert: Ihren Besuchern verhießen sie das körperliche Eintauchen in Erlebnisräume, die exakt den antiken Originalen entsprächen – die Passionsgeschichte als Streichelzoo, Augenkontakt mit exotischen Tieren, Heiligen, der Muttergottes und dem Erlöser inklusive. Das geschah in denselben Jahrzehnten am Ende des 15. und am Beginn des 16. Jahrhunderts, in denen den Handbüchern und populären Überblicksdarstellungen zufolge in Italien die Geburt der modernen Wissenschaft, des selbstbewussten Individuums, des autonomen Künstlers und der abendländischen Rationalität stattfand, im Namen der Wiedergeburt, der »rinascità« der Antike.

Denn das war die Botschaft der Humanisten des 15. und 16. Jahrhunderts: Erst durch ihre Arbeit, so die selbstbewussten gelehrten *public relations*-Spezialisten, sei die Wiedergewinnung des Wissens und der Schönheit der Antike und ihrer Monumente erst möglich geworden. Für ihre Vorgänger aus dem Mittelalter, dem abergläubischen, finsteren »media aetas«, hatten sie nur Verachtung übrig; ebenso für die populären legendären Abstammungsgeschichten. Sie beschrieben das schlechte Latein und die krausen Vorstellungen ihrer Vorläufer spöttisch und ausführlich, um ihre eigenen Leistungen bei der Rekonstruktion antiker Texte und Monumente umso strahlender ins Licht setzen zu können.[12] Wenn sie an etwas fest glaubten, dann war es die

Überlegenheit der Antike und die Leichtgläubigkeit ihrer eigenen begriffsstutzigen und abergläubischen Vorgänger aus den vorherigen Jahrhunderten.

Dieser rhetorische Kniff ist sehr erfolgreich gewesen. Ein so kenntnisreicher Gelehrter wie Arnold Esch, Spezialist für die Geschichte Roms im Mittelalter und in der Renaissance, beschrieb noch 2016 die Wahrnehmung der Antike im Rom des 15. Jahrhunderts als Fortschrittsgeschichte: Die sagenhaften Anekdoten von Magiern und verhexten Götzenbildern der – vornehmlich aus dem Norden zugereisten – Autoren der »Mirabilia« mit ihrer legendenhaften Aufladung der antiken Überreste seien allmählich ersetzt worden. Jüngere und nüchternere italienische Humanisten wie Cyriacus von Ancona, Flavio Biondo und Pomponio Leto hätten ihre Rekonstruktionen der antiken Monumente anhand von exakten Vermessungen und Vergleichen mit alten Texten konzipiert, kombiniert mit eigenem Augenschein vor Ort. Esch sieht in ihnen frühe Kollegen und ihre Arbeiten als Vorläufer seines eigenen wissenschaftlichen Vorgehens. Mit Blick auf ihre Quellenkritik vergleicht er drei beinahe gleichzeitig um 1450 entstandene Beschreibungen des antiken Pantheons durch Flavio Biondo, den Nürnberger Ratsherrn Niklaus Muffel und den Florentiner Kaufmann Giovanni Rucellai. Dabei kommt der Erste der drei sehr gut und der Zweite sehr schlecht weg. Der Dritte ist wenigstens »begabt mit dem wachen Blick des Florentiner Kaufmanns, der erst einmal selber hinschaut, bevor er Autoritäten folgt«.[13]

Derselbe Giovanni Rucellai hat allerdings für seine Grabkapelle 1467 bei dem berühmten Architekten und Humanisten Leon Battista Alberti eine marmorne Kopie des Heiligen Grabes in Auftrag gegeben –

basierend auf dem »giusto disegno e misura« des Gebäudes in Jerusalem, dessen Maße Rucellai angeblich auf eigene Kosten aus dem Heiligen Land beschafft hatte. Das Resultat, heute in der Kirche San Pancrazio zu besichtigen, sieht seinem Vorbild nicht einmal entfernt ähnlich. Alberti hatte es selbstbewusst als strenge viereckige Kiste mit selbsterfundenem Antikendekor, monumentalen Inschriften »all' antica«, spätgotischen Dachzinnen und Architekturzitaten gestaltet, die er vom Florentiner Baptisterium entlieh. Dieses Gebäude galt im 15. und 16. Jahrhundert patriotischen Florentinern und humanistischen Gelehrten als original antikes Bauwerk, auch wenn es in Wirklichkeit aus dem 11. Jahrhundert stammt.

Denn für die Humanisten steckte die Überzeugungskraft der alten Monumente in ihrer Bedeutung und Beweiskraft für die Präsenz ehrwürdiger Ursprünge. Antike als autoritative und verehrungswürdige »antiquità« war im 15. Jahrhundert etwas, was nicht einfach nur als rätselhafter Überrest herumstand. Es war etwas, was man für anspruchsvolle Auftraggeber im Wortsinn neu entwerfen musste. Flavio Biondo hatte dafür in seiner Beschreibung des antiken Rom 1446 das lateinische Wort »instaurare« gewählt, das weit mehr bedeutete als bloßes Konservieren und Wiederherstellen – wir würden heute dazu wohl »performen« sagen.[14] Im Erfolgsfall wurde eine solche Produktion Ausgangspunkt für neue Vervielfältigungsketten. Albertis neu-alter Bau – eine Zeitkapsel, mit der man in eine ästhetisch anspruchsvolle neue Vergangenheit reisen konnte – wurde etwas mehr als hundert Jahre später zur Vorlage eines weiteren Baus, des 1596 errichteten Christusgrabes im toskanischen Wallfahrtsort Borgo San Sepolcro.[15]

Den Humanisten des 15. und 16. Jahrhunderts hätte man die Redensart »Geschichte machen« nicht erklären müssen: Das war es, was sie ihren Auftraggebern versprachen, überwältigende Erlebnisse inbegriffen. Die von ihnen proklamierte Wiedergeburt der Antike fand simultan mit dem Wiederauffinden uralter verehrungswürdiger materieller Überreste der Passionsgeschichte statt. 1492 verkündete der einflussreiche spanische Kardinal Pedro Gonzalez de Mendoza, bei Bauarbeiten in der römischen Kirche Santa Croce in Gerusalemme sei das Fragment des »Titulus Crucis« aufgetaucht – jener hölzernen Tafel also, auf die Pilatus vor der Kreuzigung »Jesus von Nazareth, König der Juden« hatte schreiben lassen, wie im Johannesevangelium 19:19 beschrieben. Mendoza, Kanzler des spanischen Königs, verwies darauf, dass die jahrhundertelang verschwundene Tafel exakt am selben Tag wiederaufgetaucht sei, dem 1. Februar, an dem die Nachricht von der Eroberung Granadas Rom erreicht habe – ein göttliches Zeichen, kein Zweifel. In Wirklichkeit war die Reliquie Rompilgern seit langer Zeit bekannt gewesen. »Entdeckung« hieß nichts anderes als Aktualisierung des Alten per Neustart, das kennen wir: *reboot, refresh.*[16]

Optimierte Vergangenheit: Das Neue im Alten

Eine solche politisch termingerechte Wiederentdeckung von Schatzen aus der Vergangenheit war kein Einzelfall. Kaiser Maximilian I. präsentierte 1513 auf dem Reichstag den »Heiligen Rock«, die Wunder wirkende Reliquie des letzten Gewandes Jesu, das er persönlich wiedergefunden habe. Die wirkungsmächtigste Vergangenheit aber war im 15. und 16. Jahrhundert diejenige, die gleichzeitig versprach, wichtige Ereignisse zuverlässig vorherzusagen und künftiges Geschehen zu beeinflussen. 1505 sandte Valentinus Moravus, ein in Lissabon ansässiger deutscher Gelehrter, die Abschrift einer dort aufgefundenen antiken Inschrift an seine Humanistenkollegen Konrad Peutinger und Hieronymus Münzer: Die Erste dieser »inscriptiones sacrosanctae vetustates« enthielt die Prophezeiung, dass eine neue Welt jenseits des Atlantiks entdeckt werden würde. Der venezianische Doge Leonardo Loretan verkündete 1509 in einer Rede, die antiken Fresken in der Hagia Sophia hätten die Eroberung von Konstantinopel durch die Türken vorausgesagt; genau auf dieselbe Weise, wusste er, warne ein uraltes Relief in der venezianischen Kirche San Giacomo di Rialto davor, gegen den Kaiser in den Krieg zu ziehen, weil sonst der Untergang der Stadt drohe.[17]

Venedig galt den Humanisten des 15. und 16. Jahrhunderts – nicht ganz zu Unrecht – als »östliche« Stadt, zutiefst geprägt von den Schätzen und der Architektur von Byzanz, und dieser (gewöhnlich eher vage verortete) Osten war in ihrer Wahrnehmung nichts anderes als ein lebendiges Archiv des untergegangenen antiken Westrom. Dort, im Osten, konnte man sie noch finden und beschreiben, die echten alten Überreste, so lautete die Botschaft der Humanisten. Während sie ihren eigenen westlichen Vorgängern pauschal Unwissen und Aberglauben unterstellten, schrieben sie allen östlichen antiken Monumenten, heidnischen wie christlichen, maximale Authentizität zu – Originale (also Ursprünge) im Wortsinn.

Das war nicht nur sehr gut kompatibel mit der traditionellen Verehrung der materiellen Überreste der Heilsgeschichte, die aus dem Heiligen Land nach Italien gebracht worden waren. Es machte die

Person des Humanisten selbst zum Garanten für eine verlässliche Verbindung zurück in die unzugänglich gewordene Vergangenheit – und ließ all die Vermittler, denen er sein Wissen überhaupt erst verdankte (jüdische, griechische und arabische Übersetzer und die gelehrten Bettelmönche des 13. Jahrhunderts) wie durch Zauberhand verschwinden. Cyriacus von Ancona, der gut vernetzte humanistische Reisende und Berichterstatter von den antiken Überresten im östlichen Mittelmeer, hat von sich sogar behauptet, er könne durch seine Beschäftigung mit den alten Inschriften, Bildern und Ruinen die Toten selbst wieder aus der Unterwelt holen und zum Sprechen bringen. Der Humanist als Spezialist für »felicissima temporis reparatione«, die allerglücklichste Wiederherstellung der Vergangenheit: Kein schlechter Slogan.[18] Den Lebenden Auskunft geben konnte Cyriacus aber auch: König Sigismund diente er anlässlich dessen Besuchs in der Ewigen Stadt 1433 als Führer zu den Überresten aus der Antike.[19]

Cyriacus von Ancona und seine Kollegen wurden im 15. Jahrhundert zu virtuosen Produzenten einer Kompositvergangenheit neuen Typs. Sie schufen nicht nur aus Zitaten von Cicero, Ovid, Horaz und anderen neue Texte mit komplett neuen Aussagen. Sondern sie erzeugten aus gefundenen, rekonstruierten und neu produzierten Versatzstücken eine neue Gesamtantike, die es vorher in dieser Form nie gegeben hatte – und schufen sich selber damit eine neue Rolle, als Reiseführer in diese Geschichte. Es ist verlockend, in den Humanisten des 15. und 16. Jahrhunderts die Vorläufer moderner nüchterner und exakter Wissenschaft zu sehen. Mit ihrem Glauben an die Wiederaufführbarkeit der Vergangenheit, an die Leichtgläubigkeit ihrer Vorgänger und an die Präsenz der Antike in einem pittoresken Osten (und in Venedig) könnte man sie aber auch als Vorläufer des modernen Tourismus beschreiben.

Wenn die direkten Nachfolger der Humanisten, die gelehrten Antiquare des 17. Jahrhunderts, Bilder vom untergegangenen Rom produzierten, wie der Drucker und Verleger Achille Lauro in seinem »Antiquae Urbis splendor«, benutzten sie nicht nur die Arbeiten ihrer Vorläufer. Auf Lauros Kupferstichen sollten die verschwundenen und zerstörten Tempel und Paläste des antiken Rom wieder sichtbar werden, rekonstruiert mit Hilfe des Jesuiten und Universalgelehrten Athanasius Kircher. Nur hatten die Monumente ihr Aussehen verändert: Ein gewaltiger Bauboom erfasste die Hauptstadt der Christenheit in der Gegenreformation des 17. Jahrhunderts. Gleichzeitig begannen die Rekonstruktionen der verschwundenen antiken Gebäude, die auf Lauros und Kirchers Darstellungen zu sehen waren, immer stärker den aktuellen Bauprojekten ihrer Förderer und Geldgeber zu ähneln. Die von Kircher »rekonstruierte« Villa des Maecenas glich erstaunlich stark einem Teil der Villa Doria Pamphili, die sein Förderer Papst Innozenz X. erbaute; und wenn Lauro den größten der heidnischen Tempel darstellte, den des Jupiter Optimus Maximus, dann sah sein Bild den zeitgenössischen Plänen für den – noch in Bau befindlichem – Petersdom zum Verwechseln ähnlich, wie Viktor Tschudi gezeigt hat.

Die Rekonstruktionen der Vergangenheit mussten eben in die jeweilige Gegenwart passen. Im 17. Jahrhundert reisten nicht nur fromme Pilger in die Heilige Stadt, sondern auch Wohlhabende. Sie kamen nicht aus Sorge um ihr Seelenheil, sondern zum Vergnügen und aus Lust auf alte Monumente – die Ursprünge der Bildungsreise oder

»Grand Tour«, wie der Begriff im 18. Jahrhundert lauten würde. Während ältere Darstellungen verschwundener antiker Gebäude im 16. Jahrhundert ihre Architekten gezeigt hatten oder Handwerker bei der Arbeit, tauchten im 17. Jahrhundert auf Lauros Bildern neue Figuren auf. Plötzlich tummelten sich zwischen den vermeintlich originalgetreu rekonstruierten antiken Bauwerken Fremdenführer – Spezialisten für die Übersetzung des Alten in die Gegenwart.[20]

Wiedergeburt als Vervielfältigung

Geschichte, habe ich zu Beginn behauptet, ist immer in der Gegenwart ihres Berichterstatters angesiedelt. Das unbetretbare, auf immer unzugänglich gewordene Territorium der Vergangenheit muss nicht nur hergeholt, sondern auch anverwandelt werden, sonst bleibt die Vergangenheit unverständlich. Der Ablauf der Zeit muss an einem einzigen Ort konzentriert werden, damit dieser reaktiviert und mit Bedeutung besetzt werden kann.

Jede solche übereinandergeschichtete und ineinandergerollte, sich machtvoll wiederholende – und selbst bestätigende – Zeit braucht materielle Träger, physische Residuen, um Wirkungen zu entfalten. Deswegen die hölzerne Tafel, das wiederaufgetauchte Stoffstück, die uralten Urkunden, die antiken Fresken und Inschriften des 15., 16., 17. Jahrhunderts, die uns auf den vergangenen Seiten beschäftigt haben. Jeder dieser Überreste besaß die Fähigkeit, für seine Betrachter und Besitzer neue Erinnerungen zu erzeugen und ein oder mehrere Vorbilder, Vorläufer und Vorgeschichten bereitzustellen und herbeizuholen. Einmal erfolgreich institutionalisiert, waren es dann die

Kopien des Monuments, des autorativen Überrests von früher, die aus ihm ein echtes Original machten.

»SIMILE E IL S(AN)TO SEPVLCRO DE Y(ESU) XR(IST)O«, etwas frei übersetzt: »ähnlich ist das hier dem Grab Jesu Christi«, steht deshalb eingemeißelt über dem Eingang zur Nachbildung des Heiligen Grabes auf dem Gipfel des Sacro Monte di Varallo. Der Eingang ist niedrig (man muss sich ziemlich bücken, um hineinzukommen), aber drinnen konnte man die Replik des Originals mit eigenen Sinnen erleben und spüren, wie es die Beschreibungen von Varallo im 16. Jahrhundert begeistert verkündeten, und in der Dunkelheit den Körper des toten Erlösers berühren. »Simile« – »ähnlich« – steht hier nicht für die exakte visuelle Übereinstimmung mit dem Original, sondern für einen Überschuss, ein Extra. Eine Replik ist in diesem Sinn dann besonders ähnlich, wenn sie nicht einfach dasselbe zeigt wie das weit entfernte Original, sondern mehr – mehr Kontext, mehr Infos, mehr Farbe.[21] Denn genau das bot Varallo: Hier konnte der Besucher das Grab betreten, Christi blutüberströmten Körper darin anschauen und anfassen. Die Inszenierung erschien als Zeitkapsel, in der auf immer Ostersamstag war. Christus – so das Angebot – liegt tot im Grab, die Auferstehung hat noch nicht stattgefunden, und du bist dabei.

Im Zeitalter der seriellen Fertigung von Texten und Bildern, das spätestens mit der Erfindung des Buchdrucks mit beweglichen Lettern, in Wirklichkeit aber bereits mit der Vervielfältigung von Bildern eine Generation vor Gutenberg angebrochen war, war die Gegenwart von Geschichte eine Frage von Reproduktion, von Vervielfältigung, die – wie die Repliken des Heiligen Grabes, des Geburtshauses der Muttergottes, der materiellen Überreste der Passionsgeschichte – immer neues echtes Altes hervorbringen konnte, Christliches ebenso

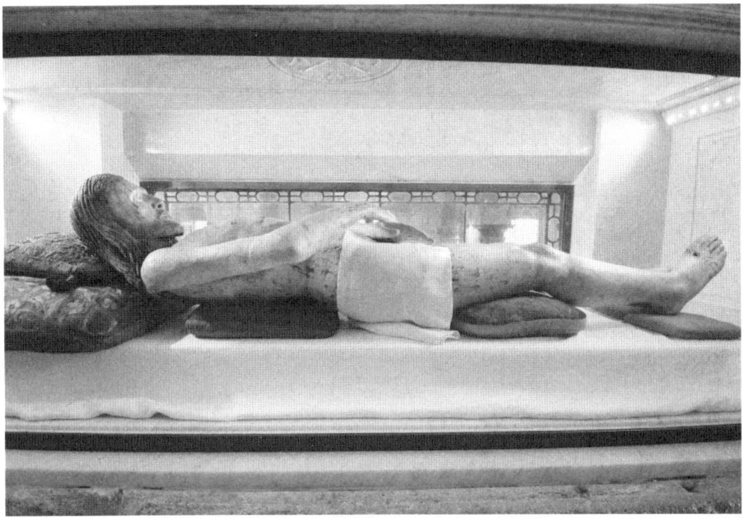

5 Christusgrab, Sacro Monte di Varallo, spätes 15. Jahrhundert

wie Heidnisches. Renaissance im Sinn von Wiedergeburt findet seither überall dort statt, wo man vervielfältigte Kopien historischer Attraktionen besichtigen kann. Haben Sie schon einmal darüber nachgedacht, wo Sie überall Kopien der Bronzestatue der antiken römischen Wölfin gesehen haben?

Dasselbe gilt für die Paradiese der Sacri Monti. Der spektakuläre Ausbau von Varallo im letzten Drittel des 16. Jahrhunderts ließ neue Repliken dieser Reproduktionen entstehen. Im Piemont und in der benachbarten Lombardei wurden im 17. Jahrhundert Wallfahrtsorte errichtet, die Varallo zum Verwechseln ähnelten, finanziert von Bischöfen und der lokalen Oberschicht. Im schon erwähnten Crea, in Ghiffa, Varese, Osscucio, Belmonte und Domodossola konnte man die biblische Heilsgeschichte in Lebensgröße und 3 D nacherleben. In Oropa widmeten sich zwanzig solche Kapellen dem Leben der

Muttergottes; dem Leben des heiligen Franziskus gewidmet war der Sacro Monte von Orta, 1592 begonnen und nur wenige Kilometer Luftlinie von Varallo entfernt. Hier konnte man die Geburt des Heiligen besichtigen, der sich – sehr schick angezogen – vor der Erscheinung des Gekreuzigten auf der dreckigen Landstraße niederwirft. Man sieht ihn, wie er sich später vor dem Bischof nackt auszieht (nur von hinten, aber mit entblößtem Popo), wie er vom Papst die Erlaubnis zur Ordensgründung erhält und wie er mit dem ägyptischen Sultan diskutiert. Du kannst dabei sein, als es passiert ist, so die Botschaft: 18 Kapellen als Zeitmaschine, lebensgroß und in Farbe mit exotischen Hintergründen und gemalten Hinweisfingern auf der Fassade. »Du bist jetzt in Episode 2, in diese Richtung geht es weiter.«

Gemeinsam ist all diesen Erlebnisparks, dass sie auf schönen Aussichtsbergen erbaut wurden und ihren Besuchern atemberaubende Blicke über die benachbarten Berge und die Poebene, den Lago Maggiore und den Comer See (Ghiffa und Ossuccio) sowie das Monferrato und den verschneiten Alpenbogen (Crea) bieten. Wenn die Menschen vor vierhundert Jahren die Berge tatsächlich nur als hässliche und bedrückende Verkehrshindernisse wahrgenommen hätten, wie ein häufig verwendetes Stereotyp lautet, dann hätten sie sich kaum die Mühe gemacht, die begehbare Heilsgeschichte auf diesen steilen Zacken zu errichten. Sie bringen einen heute beim Besteigen ganz ordentlich außer Atem. Wer an einem warmen Sommertag hinaufsteigt, wird am Gipfel nicht nur mit der schönen Aussicht, sondern auch mit erfrischendem Luftzug belohnt. Religiöse Inszenierungen waren in der Renaissance und im Barock mit dem Vergnügen ganz offensichtlich eng verbunden – alle Sacri Monti wurden nicht nur für fromme Wallfahrten, sondern auch für Heiligenfeste und Märkte benutzt.

Bei fast allen wird in der obersten Kapelle der Himmel dargestellt, oder sie wird »Il paradiso« genannt. Im Sacro Monte von Domodossola hat sich auch einer der Stifter, der mächtige Schweizer Großunternehmer und Politiker Kaspar Stockalper, verewigen lassen. Er hatte im 17. Jahrhundert durch Soldgeschäfte, die Kontrolle des Simplon-Passes und Handel – unter anderem besaß er das Salzmonopol – ein riesiges Vermögen angehäuft. 1678 wurde er gestürzt, sein Vermögen beschlagnahmt, und er musste nach Domodossola ins Exil. Dort kann man ihn heute anschauen, wenn man sich den Schlüssel zur Kapelle besorgt, in Farbe und lebensgroß, gleich neben dem schwarzen Afrikanerkönig Kaspar, seinem Namenspatron, demütig kniend. Aber immerhin, ganz oben im Paradies.

3 Eisenbahn, Fotografie, Grand Hotel

»Kopfgelände / am Hirsch hängt doch alles, weiß ich, Parkhotel.« (Marcel Beyer)

»Wir beherrschen das 19. Jahrhundert noch nicht; es beherrscht zum großen Teil uns.« (Kurt Westphal, 1928)

Thun, Schweiz, Lokalaugenschein: Der See glitzert, ein strahlender Himmelsspiegel an einem trüben Sommertag. Auf der Scherzliginsel vor der Stadt, wo die Aare in den See mündet, ist eine kleine Tafel angebracht. Kleist?

Heinrich von Kleist hat im April 1802 hier, fünfundzwanzigjährig, ein Haus gemietet, auf der Suche nach dem einfachen richtigen Leben. »Recht eingeschlossen von Alpen« wohne er, schrieb er vier Wochen später an seine Schwester, ganz allein eine Viertelmeile vor der Stadt, die Tochter einer Fischersfamilie mache ihm den Haushalt. »Ein freundlich-liebliches Mädchen, das sich ausnimmt wie ihr Taufname, Mädeli. Mit der Sonne stehen wir auf, sie pflanzt mir Blumen in den Garten, bereitet mir die Küche, während ich arbeite; dann essen wir zusammen. Sonntags zieht sie ihre schöne Schweizertracht an, ein Geschenk von mir, wir schiffen uns über, sie geht in die Kirche nach Thun, ich besteige das Schreckhorn, und nach der Andacht kehren wir beide zurück.«

Kleist war vorher in Paris gewesen und hatte Rousseau gelesen; eine Insel musste es also wohl sein. Die Idylle, die er schildert, liest sich eigenartig vertraut – oder hat er das alles ironisch gemeint? (Das

Schreckhorn ist immerhin 4078 Meter hoch und gut 50 Kilometer Luftlinie entfernt, erstmals bestiegen wurde es erst 1861.) Er wolle in der Schweiz leben und (schreibender) Bauer werden, hat Kleist etwas später an seine Verlobte, die Generalstochter Wilhelmine von Zenge, geschrieben. (Die Verlobung wurde daraufhin gelöst.) Irgendwann hat er es sich dann doch anders überlegt. Im Spätherbst 1802 war Kleist wieder zurück in Berlin.[1]

Und was hat er gemacht in der Idylle? Mittelalterdramen geschrieben – »Die Familie Schroffenstein« und »Robert Guiskard, Herzog der Nordmänner«. Seit 2011 heißt der Ort offiziell Heinrich von Kleist-Inseli, sagt mir das Schild.

Die Idylle von früher, unsichtbar

Thun, mit Burg und mittelalterlicher Stadt am See vor dem Berner Oberland gelegen, ist einer der vielen Geburtsorte des Tourismus. Aber es ist ein Frühchen, wie eine Hebamme vielleicht sagen würde, zart und fragil. Eine Viertelstunde von Kleists Insel kann man heute in einem Pavillon am Seeufer das Wocher-Panorama besichtigen. Der Basler Maler Samuel Wocher hat es ein paar Jahre nach Kleists Abreise begonnen, 1809. 1814 war es fertig. Siebeneinhalb Meter hoch, 38 Meter lang, ein 360-Grad-Rundumblick, der die Burg von Thun, die idyllische alte Stadt, die Berge links und rechts mit schneebedeckter Blüemlisalp und Jungfrau zeigt und den fabelhaft schönen See. Die perfekte Wiedergabe der Idylle, ganz wie in Wirklichkeit, ist das älteste gemalte begehbare Panorama überhaupt: Aber der arme Künstler war hinterher ruiniert. Er hatte das Interesse überschätzt, die Besucher und Sponsoren blieben aus. Heute wissen wir, dass er mit seinem großen Schau-Apparat einfach nur dreißig Jahre zu früh war. Vielleicht hatte er auch die Alpen nicht ausreichend stark vergrößert.[2]

Auf der Rückfahrt vom Lokalaugenschein in Thun beginnt es zu regnen. Der Aussichtspunkt vor dem Brünig-Pass ist groß angeschrieben: »Panorama-Parkplatz«. Dort stehen Trauben von Chinesen neben ihren Bussen und schauen auf etwas in den nassen grauen Wolken, das man nicht sehen kann. Das Schreckhorn vielleicht, Fräulein Mädeli, die Blüemlisalp, die Jungfrau? Ist Tourismus ein phantastisches Projekt zur Portionierung von Schönheit, einer Schönheit von früher, die sich regelmäßig als unerreichbar oder unsichtbar erweist?

Am Beginn des 19. Jahrhunderts, als Heinrich von Kleist auf der Scherzliginsel Quartier bezog und Samuel Wocher sich an die Arbeit machte, die schöne Aussicht der alten Stadt Thun festzuhalten, waren große Teile der Vergangenheit erheblich vergangener als später. An dem, was später Originalschauplatz heißen würde, war damals gewöhnlich noch nichts zu sehen. Ein Zeitgenosse Kleists hat das ganz unmittelbar bezeugt. Johann Gottfried Seume, Privatdozent der Geschichte und Klassischen Philologie, ehemaliger Offizier, dann Hauslehrer und Übersetzer, machte sich 1801, im Alter von 38 Jahren, ebenfalls auf die Suche nach Einfachheit und Unmittelbarkeit. Er ging von seiner sächsischen Heimat Grimma nach Syrakus auf Sizilien und wieder zurück: 6000 Kilometer zu Fuß, zu den Spuren der Vergangenheit.

Zu den Schauplätzen der Geschichte wollte Seume, von ihnen hatte er sich starke Eindrücke erwartet; aber die stellten sich nicht ein. Wo in der Vergangenheit jene großen Dinge geschehen waren, die er studiert hatte, fand er immer das Gleiche: nichts. »Es ist ein großes, altes dunkles, hässliches, jämmerliches Loch, das Spoleto.« Das antike Stadttor von Capua: »überwucherte, zerfallene Trümmer«. Am Grab des Vergil: »Nichts als einige wildverschlungene Kräuter.«[3] Die Ursprünge hatten sich einfach in Leere verwandelt. Auf dem Rückweg (via Paris) kam Seume auch durch die Schweiz. »Auf den Bergrücken zwischen den Seen«, notierte er 1802 über Küsnacht, »steht die bekannte Kapelle Tells mit der schönen Poesie. Alles ist sehr gut und sehr patriotisch. Aber ich fürchte, nicht sehr wahr.« Denn den Schweizern, notierte der ehemalige Offizier nüchtern, nützten ihre Vorfahren nichts mehr. Nur durch die Eifersucht der großen Nachbarn habe die Eidgenossenschaft als Staat existieren können; jetzt sei es damit vorbei.[4] Sein Reisebericht, im Jahr darauf erschienen, wurde ein großer Erfolg und machte ihn zu einem berühmten und halbwegs wohlhabenden Mann. Wieso können wir sie uns so schwer vorstellen, die Abwesenheit der Vergangenheit?

Das Mittelalter als pittoreskes Ungeheuer

Er sieht nachdenklich aus, der gehörnte Dämon. Das Gesicht in die Hände gestützt, die Ellenbogen auf der Balustrade, schaut er als Steinfigur von der Galerie des Nordturms von Notre-Dame de Paris hinunter auf die Stadt unter ihm: ein geflügeltes Ungeheuer aus dem Mittelalter; umgeben von anderen Greifen, Drachen und Fabelwesen. Hinter dem Dämon, etwas kleiner, ist ein bärtiger Mann in elegantem schwarzen Anzug und Hut zu sehen: Das Foto ist von 1853.

Was verbindet das mittelalterliche Fabelwesen mit dem Mann im Zylinder, der Verkörperung der dynamischen industriellen Moderne des

6 Henri Le Secq: Blick von der Balustrade der Kathedrale Notre-Dame de Paris, 1853

19. Jahrhunderts? Der Mann auf dem Foto ist Charles Nègre, einer der enthusiastischen Pioniere der neuen Technik Fotografie, Sohn einer großbürgerlichen Familie aus der Provinz und ehemaliger Schüler des Collège Saint-Louis im Schatten der Kathedrale. Der 1831 erschienene Roman von Victor Hugo, »Notre-Dame de Paris«, hatte unter Gebildeten Begeisterung für die mittelalterlichen Monumente entfacht, von denen viele – wie die Pariser Kathedrale – in der Französischen Revolution entweiht, geplündert und teilweise zerstört worden waren. Jetzt sollten sie als nationale Monumente endlich in ihrer ursprünglichen Schönheit wiederhergestellt werden.[5]

Die Begeisterung fürs Mittelalter, in der zweiten Hälfte des 18. und am Beginn des 19. Jahrhunderts noch Angelegenheit vergleichsweise kleiner Zirkel von Gebildeten wie Heinrich von Kleist, wurde im ersten Drittel des 19. Jahrhunderts breit wirksam, als Inbegriff von echten Ursprüngen, intensiveren Empfindungen, tiefen Zugehörigkeiten. Das hatte auch damit zu tun, dass die Nationalstaaten des

19. Jahrhunderts – die meisten von ihnen brandneu – eine solche altehrwürdige Vergangenheit dringend brauchten. Gegen die Leere, welche die Unsichtbarkeit der Vergangenheit hinterließ und der Johann Gottfried Seume auf seiner Suche nach den Originalschauplätzen 1801 noch begegnet war, überzogen die Enthusiasten der romantischen Geschichte in der Generation nach ihm Europa mit Denkmälern. Ein Bewohner des 21. Jahrhunderts ist so sehr an sorgfältig beschriftete Gedenktafeln (»Kleist-Inseli«), Gedenksteine, Gedenkstätten, Helden- und Heldinnenbüsten gewohnt, dass man leicht vergisst, was für eine vergleichsweise junge Angelegenheit diese Vergegenwärtigung des Vergangenen ist. Unerträglich sei es, klagten deutsche Gelehrte seit den 1820er Jahren, dass die schändliche Hinrichtung des letzten Staufers 1268 in Neapel keine sichtbaren Spuren hinterlassen habe: 1847 stiftete der bayrische Kronprinz Maximilian deswegen das monumentale Grabmal in der Kirche Santa Maria del Carmine. Dieselbe Geschichte lässt sich mit den Denkmälern für Martin Luther (das erste ist von 1821), für Dante, die Jungfrau von Orléans, Wilhelm Tell oder für die Bürger von Calais erzählen.[6] Sie ist eine Geschichte medialer Verschiebungen. Die starken Stoffe wanderten von den Theaterbühnen in die populären historischen Romane und die politisch aufgeladenen Monumente des 19. Jahrhunderts, und sie wurden dabei immer wirklicher.

Auch die pittoreske Kulisse mit dem mittelalterlichen Dämon auf dem Nordturm von Notre-Dame, die das Foto zeigt, war Teil einer solchen größeren Vervielfältigungskette. Eine in zahlreichen Auflagen und Varianten reproduzierte Radierung von Charles Meryon aus dem Jahr 1853 zeigte genau denselben Bildausschnitt, ebenso eine zwei Jahre zuvor in der *Revue de l'Architecture et des travaux publics* reproduzierte Zeichnung des Architekten Eugène Viollet-le-Duc – beide waren inspiriert von Victor Hugos erfolgreichem Roman. Die Ungeheuer, die auf der Fotografie den Mann mit Zylinder einrahmen, waren im Rahmen der Rekonstruktion der gotischen Fassade von Eugène Viollet-le-Duc und dem Bildhauer Victor Pyanet nach 1843 entworfen und realisiert worden.[7] Anders gesagt: Die mittelalterlichen Fabelwesen, die der Fotograf so stimmungsvoll in Szene setzt, sind genauso alt – genaugenommen sogar ein paar Jahre jünger – wie das Medium, das er dafür benutzt: die 1839 erfundene Fotografie.

Die nationalen Anstrengungen, die mittelalterlichen Monumente wiederzustellen, die Fotografie und die technischen Voraussetzungen für den Massentourismus entstanden alle gleichzeitig und waren eng miteinander verbunden. Nur die neue Technik Fotografie erlaube eine exakte Darstellung des Gebäudes in jedem Zustand, schrieb Viollet-le-Duc enthusiastisch in seinem »Dictionnaire raisonné de l'architecture française«, und oft entdecke man auf einer Aufnahme Details, die man am Gebäude selbst übersehen habe.[8] Die Fotografie sei ein Spiegel mit Gedächtnis, formulierten seine Zeitgenossen in den 1840er und 1850er Jahren, der einen flüchtigen Zustand getreu und auf Dauer festhalte und so buchstäblich Geschichte schaffe. Viele der Aufnahmen, die Charles Nègre, Henri Le Secq und ihre Kollegen anfertigten, zeigen mittelalterliche Gebäude, romanische und gotische Kirchen und ihre architektonischen Details: Das Mittelalter war das Versprechen auf aufregende neue ästhetische Möglichkeiten und die Wiederherstellung nationaler Größe.

Keine Sehenswürdigkeiten aus dem Mittelalter ohne Eisenbahn und Fotografie, könnte man deswegen zuspitzen: In den drei Jahrzehnten nach 1839 schufen das rasant expandierende Verkehrsmittel Eisenbahn, die schnellen Dampfschifflinien und die neu entstehenden Grand Hotels jene Infrastruktur des Tourismus, die bis zur Massenmotorisierung nach dem Zweiten Weltkrieg Formen und Angebote der Branche prägte – und dies in manchen Regionen bis heute tut. Die Jahre, in denen Le Seqs Foto und Viollet-le-Ducs Arbeiten entstanden, gelten den Tourismushistorikern heute als Startschuss für jenen Fremdenverkehr, wie wir ihn kennen; nicht immer mit Zylinder, aber als industriell organisiertes Massenphänomen. Die ersten Pauschalreisen waren von Thomas Cook 1841 durchgeführt und in den 1850er Jahren beständig ausgebaut worden. 1861 bot Cook seine erste Auslandsreise an: Sie führte nach Paris. 1868 besuchten bereits doppelt so viele Touristen wie Gläubige Notre-Dame. »Tausend Ausländer pro Tag!«, verkündete der Bischof besorgt. Heute sind es etwa fünfzigmal so viele, 14 Millionen pro Jahr, und Notre-Dame de Paris gehört zu den zehn meistbesuchten Touristenzielen auf dem Planeten.[9] Oben beim Dämon auf der Balustrade ist es dementsprechend eng geworden.

Die Geburt der Altstadt

Das Foto zeigt aber nicht nur die Kathedrale, sondern auch die Stadt unter ihr, über die der Dämon wacht. Auf sie blickt auch der Mann mit dem Zylinder, den das Foto so geschickt verkleinert – er steht nicht neben, sondern hinter der Steinfigur, die dadurch deutlich größer erscheint, als sie in Wirklichkeit ist. Was war von dort aus zu sehen, außer Victor Hugos Roman?

Im selben Jahr, in dem das Foto entstanden ist, hatte Georges Eugène Haussmann sein Amt als Präfekt von Paris angetreten, von Napoleon III. mit außergewöhnlichen Machtbefugnissen ausgestattet. Haussmann ließ viele der eng bebauten mittelalterlichen Quartiere im Zentrum abreißen, ebenso die Mauer, die sie vom Umland abgetrennt hatte, und errichtete ein System von Bahnhöfen, breiten Boulevards und spektakulären Sichtachsen.[10] Im Zeitalter des Zylinders, wie Helmut Müller-Sievers das in einem schönen Buch genannt hat, geriet das 19. Jahrhundert in immer schnellere Bewegung, als technische, industrielle, ökonomische »cinematics« beweglicher Maschinenteile, von der Eisenbahn bis zur Massenpresse, von der Druck- bis zur Dampfwalze. In denselben Jahrzehnten, in denen mittelalterliche Bauwerke nicht mehr als hässliche oder groteske Überreste vergangener düsterer und unaufgeklärter Epochen galten, sondern als bewundernswerte Kunstwerke und Ausdruck nationalen Stolzes, wurden sie in so großem Ausmaß wie nie zuvor zerstört und zum Verschwinden gebracht.

Nicht nur das Mittelalter als Touristenattraktion, sondern auch der Begriff der Altstadt ist deswegen genauso alt wie der Tourismus und die Fotografie. Der Umbau der Städte durch Industrialisierung und explosionsartiges Wachstum machte in der Mitte des 19. Jahrhunderts diejenigen Teile der Stadt, die sich innerhalb ihrer mittelalterlichen Mauern befanden, zur Altstadt. Innerhalb weniger Jahrzehnte wurden überall in Europa diese Stadtmauern und Türme abgerissen. Die Bilder der Altstadt als stimmungsvolle, romantisch aufgeladene Szenerie entstanden, während zugleich dieselben Straßenzüge ihre Gestalt so radikal wie möglich veränderten.

Das war nicht nur in Paris so, wo Ende der 1850er Jahre der Fotograf Charles Marville offiziell beauftragt wurde, den Umbau und die alten Straßen und Quartiere vor ihrer Zerstörung fotografisch festzuhalten. In Zürich, wo der Abriss der mittelalterlichen Stadtbefestigungen in den 1830ern begonnen hatte, publizierte die frisch gegründete Antiquarische Gesellschaft in den 1840er Jahren Zeichnungen und Stiche jener Stadtbefestigungen, die in den Jahren zuvor abgerissen worden waren. Der Beschluss des Zürcher Stadtrats von 1877, das mittelalterliche Kratzquartier vollständig abzubrechen und neu zu bebauen, ging einher mit dem gleichzeitigen Entscheid, das Quartier vollständig fotografisch zu dokumentieren.[11] Die moderne Technik Fotografie, seit ihrer Erfindung von den schreibenden Zeitgenossen als Symbol der Gegenwärtigkeit und des technischen Fortschritts schlechthin beschrieben, wurde gleichzeitig dafür benutzt, die Überreste einer unwiderruflich verschwindenden Vergangenheit festzuhalten.[12]

Einer anderen pittoresken alten Stadt hat der Kunstschriftsteller John Ruskin in einem berühmten Text 1856 ihre vollständige Zerstörung vorhergesagt. »Ich kann vorhersehen«, schrieb er, »dass binnen weniger Jahre die Stadt Luzern nur noch aus langen Reihen von gleichförmigen Hotels bestehen wird. Ihre alten Brücken werden abgerissen und durch eine neue aus Stahl über die Reuss ersetzt sein. Am Ufer des Sees wird eine Fußgängerpromenade entlangführen, mit einer deutschen Blaskapelle, die in einem chinesischen Tempel am hinteren Ende aufspielen wird; und dort werden all die aufgeklärten Reisenden, Repräsentanten der europäischen Zivilisation, sich im Angesicht der Alpen an jedem Sommerabend auf ihre moderne Weise amüsieren – beim Totentanz.«[13]

Die dramatische kulturpessimistische Optik von der Zerstörung des Schönen und von der Banalisierung und Uniformität hat den Fremdenverkehr von Beginn an begleitet. Dabei gingen enthusiastische Darstellungen des technischen Fortschritts Hand in Hand mit melancholischen Bildern von der unwiderruflichen Zerstörung der pittoresken Städte aus der Vergangenheit. Der 1848 geborene französische Karikaturist und Journalist Albert Robida zum Beispiel publizierte mit großem Erfolg Prognosen über die Zukunft – etwa zur Rolle der Frauen, die rauchen, Hosen tragen, ihr Wahlrecht ausüben und als Ärztinnen und Rechtsanwältinnen praktizieren würden. Robida sagte auch den Massentourismus voraus, die Luftverschmutzung, selbststeuernde Raketen und den Krieg mit Giftgas – das Letztere 1869. 1883 publizierte er den Roman »Le vingtième siècle«, der im Jahr 1953 spielt; darin beschreibt er das Telephonoscope, einen großen flachen Bildschirm, der 24 Stunden am Tag bewegte Bilder von Ereignissen in fernen Ländern zeigt.

Derselbe Albert Robida brachte 1878 eine Sammlung von Zeichnungen und Stichen über italienische Altstädte heraus, 1879 die »Vieilles villes de Suisse«, gefolgt von Fortsetzungsbänden zur Normandie, der Provence und natürlich Paris – konzipiert als Ersatz für den Besuch dieser Sehenswürdigkeiten oder als Ergänzung dazu. In »Les vieilles villes de Suisse« beklagte er bitter den Verlust der schönen alten Häuser und den »grand style du dix-neuvième siècle«, der überall derselbe sei, von Paris, London und Wien bis nach St. Petersburg; ohne Zweifel werde er bald auch Konstantinopel und Timbuktu beherrschen.[14]

Der enthusiastische Amerikaner Oliver Wendell Holmes hatte 1859 angesichts der neuen Stereofotografie triumphierend bemerkt, dass in Zukunft niemand mehr gezwungen sei, zu den mittelalterlichen Attraktionen ferner Länder zu reisen. Vielmehr machten sich die Sehenswürdigkeiten selbst auf den Weg: als Aufnahmen von noch nie dagewesener Präzision kämen sie jetzt zu ihren Betrachtern.[15] Mit Hilfe solcher mobilisierter Bilder könne man die Zeit nicht nur stillstellen, wie in den Aufnahmen der verschwundenen Sehenswürdigkeiten von früher, sondern sie auch nach Belieben formen und neu ordnen. Albert Robida hat seinen Lesern das im ganz wörtlichen Sinn prophezeit: In seinem in Fortsetzungen zwischen 1901 und 1902 publizierten Roman »L'horloge du siècle« kehrt die Erde aufgrund einer kosmischen Katastrophe ihre Rotationsrichtung um. Die Himmelsrichtungen würden vertauscht, die Sonne gehe im Westen auf und im Osten unter, und die Zeit beginne, rückwärts zu laufen.

Wunder des Orients

Der Osten, das war im 19. Jahrhundert – wenigstens solange sich die Erde weiterhin in die gewohnte Richtung drehte – die pittoreske Vergangenheit des Westens. Derselbe Victor Hugo, dessen Roman über Notre-Dame die Begeisterung für ein phantastisches und romantisches Mittelalter entfachen half, hatte 1829 im Vorwort seines Gedichtzyklus »Les Orientales« verkündet: »Wir beschäftigen uns alle mehr mit dem Orient. Der Orient ist ein Thema von allgemeinem Interesse geworden.«[16] Der wohlhabende Fotoamateur Charles Nègre, den sein Freund Henri Le Secq so suggestiv zwischen den mittelalterlichen Fabelwesen auf dem Nordturm der Kathedrale fotografiert hatte, posierte auf gleich drei unterschiedlichen, ebenfalls um 1853 entstandenen Aufnahmen als mittelalterlicher Mönch; auf drei weiteren zeitgleich entstandenen Fotos als Orientale mit großem Turban, in Pantoffeln und mit Dolch und Wasserpfeife.[17]

Wie die Begeisterung für Victor Hugos abenteuerliches Mittelalter war die Faszination durch einen nicht weniger verlockenden Orient für gebildete Franzosen in der Mitte des 19. Jahrhunderts Ziel geträumter und realer Reisen. Der Traum vom Morgenland als vermeintlich lebendiger Vergangenheit trug schon in den Entstehungsjahren des modernen Tourismus ambivalente Züge. Viele Reisende waren enttäuscht, wenn sie ihren Sehnsuchtsort erreicht hatten. »Kairo«, schrieb 1843 Victor Hugos Freund Gérard de Nerval an einen Freund, sei »staubbedeckt und stumm«, unter »Asche und Schutt begraben«. Nerval scheint einen Großteil seines Aufenthalts in Ägypten in den Bibliotheken verbracht zu haben. Noch nicht einmal die Pyramiden habe er besucht, schrieb er nach zwei Monaten an seinen Vater: »Ich wollte jeden Ort erst dann sehen, nachdem ich mir darüber mit Hilfe von Büchern und wissenschaftlichen Abhandlungen ausreichende Klarheit verschafft hatte.« Nach einem halben Jahr zog er eine ernüchternde Bilanz. »Es ist bereits zunichte, ich habe so viele Länder hinter meinen Schritten wie Theaterdekorationen zusammenbrechen sehen. Was bleibt mir davon? Ein ebenso verworrenes Bild wie das eines Traums: das Beste von dem, was man dort findet, kannte ich schon auswendig.« Der Orient entziehe sich ihm. »Nur in der Opéra werde ich das wirkliche Kairo finden.«[18]

Im Osten, hat Gustave Flaubert bei seiner eigenen Orientreise sechs Jahre später geschrieben, entdecke der »aufmerksame Europäer« viel mehr Vertrautes als fremdes Authentisches.[19] Nervals Wortwahl von »Theaterdekorationen« und der Pariser Oper als Ort des wahren Orients trifft es genau: Die exotischen Inszenierungen in den Reisebeschreibungen des 19. Jahrhunderts waren deswegen so machtvoll, weil sie die Wiederkehr von Motiven und Versatzstücken waren, die das Publikum bereits kannte. Der magische Orient war eben kein Ort, sondern eine Serie von Repräsentationen, von denen jede ankündigte, diesmal dem Publikum wirklich den phantastischen Osten zu zeigen. Dabei musste sie aber ununterbrochen auf ihre eigenen älteren Vorbilder verweisen. Dem Publikum durfte die Orientierung – die ja nicht umsonst so heißt – nicht abhandenkommen. Der französische Schriftsteller und Islamwissenschaftler Mathias Enard hat dieses Paradox in der schönen Anekdote vom umgebauten Kompass zusammengefasst, den angeblich Ludwig van Beethoven für sich herstellen ließ: Er zeige seinem Benutzer in der eigenen Jackentasche immer und überall, wo es nach Osten gehe.[20] Aber in welche Richtung ging es zur richtig echten Vergangenheit?

Hässliche Stadt, göttliche Aussicht

Wer über die Alpen nach Süden reiste und den Gotthard nahm, musste sie passieren, die Stadt am Vierwaldstättersee. Frühe Reisende waren nicht sehr angetan von ihr. »Weder groß noch schön«, urteilte der gelehrte Mainzer Professor Karl Spazier (er hieß wirklich so) in seinen »Wanderungen durch die Schweiz« 1790 über Luzern. Die Stadt biete »fürs Auge, bey ihren engen Gassen und altfränkischen Gebäuden, keinen einnehmenden Anblick«, meinte ein anderer Reisender 1802. Arthur Schopenhauer wurde in seinem Reisetagebuch 1804 noch ein bisschen deutlicher: »Ein kleines, schlecht gebautes, menschenleeres Städtchen«.[21]

Aber wer in die andere Richtung, nach Süden blickte, konnte vom oberen Rand der Stadt über einen großen See – Himmelsspiegel,

Lichtverstärker – nach Süden auf Berge schauen, die den größten Teil des Jahres mit Schnee bedeckt waren. Im Mittelalter und in der Frühen Neuzeit fanden die Autoren von Reisebeschreibungen das nicht erwähnenswert, aber das begann sich in der zweiten Hälfte des 18. Jahrhunderts zu ändern. »Die Lage ist gewiss eine der schönsten der Schweiz«, meinte sogar der strenge Arthur Schopenhauer, »eine göttliche Aussicht.« Die Alpen an sich wurden zur Landschaftssensation, und Luzern wurde, zusammen mit Genf, Ausgangspunkt für die populären Schweizerreisen gebildeter Europäer.

Die attraktivsten Sehenswürdigkeiten der Stadt selbst waren – neben einem verkleinerten Relief der Alpen, das auch Goethe 1780 lobend erwähnte – historisch; aber sie handelten von der unmittelbaren Zeitgeschichte. 1818 hatte der Luzerner Ludwig Pfyffer von Altishofen, selbst ehemaliger königlicher Gardeoffizer, mit der Spendensammlung für ein Denkmal begonnen. Es sollte an den Tod der 760 Schweizergardisten beim Sturm der Revolutionäre auf den Pariser Tuilerienpalast 1792 erinnern. 1821 wurde es eröffnet, in einem ehemaligen Steinbruch außerhalb der Stadt. Der monumentale sterbende Löwe sollte ausdrücklich ein Mahnmal für die Opfer sein, die eine untergegangene Monarchie verteidigt hatten, für ihre Treue – und zeigte deutliche Sentimentalität für die ältere ständische Gesellschaft: Das Denkmal nennt nur die Namen der gefallenen Offiziere, Pfyffers Kollegen; die der einfachen Soldaten fehlen. Im Europa der Restaurationsjahre, das die Schäden der revolutionären Umbrüche beklagte und versuchte, zur Ordnung des Ancien Règime zurückzukehren, wurde diese melancholische Geschichtsinszenierung – adelige Offiziere als Opfer revolutionärer Gewalt – ein großer Erfolg. Als kurz darauf in der Nähe des Denkmals bei Bauarbeiten im Untergrund große Gletschermühlen entdeckt wurden, wurde das Gelände zu einer Art Erlebnispark umgebaut und erweitert. Verklärter Heldentod von früher plus Naturerlebnis zum Anfassen, das stellte sich als Erfolgsformel heraus, die bald durch ein Museum mit ausgestopften Alpentieren und eine verkleinerte Alphütte mit Erlebnisgastronomie ergänzt wurde.[22]

Luzern, früh an die modernen Massenverkehrsmittel Dampfschiff und Eisenbahn angeschlossen, wurde zu einem der wichtigsten Zentren der europäischen »Fremdenindustrie«, wie sie im 19. Jahrhundert hieß. Wohlhabende Deutsche, Franzosen, Russen und vor allem Engländer besuchten die Luxushotels, die in rascher Folge zuerst in der Stadt und dann am nördlichen Seeufer errichtet wurden. Die Stadt am Fluss wurde binnen weniger Jahrzehnte zu einer Stadt am See; auf sumpfigen Wiesen am Stadtrand wurden die bevorzugten Sommerdomizile des europäischen Hoch- und Geldadels errichtet, luxuriöse fünfstöckige Hotels am neu aufgeschütteten Seeufer. Sie hießen »Schweizerhof«, »Luzernerhof«, »National« und »Palace« und boten ihren Gästen Schopenhauers göttlichen Blick, jetzt noch komfortabler und nach Süden ausgerichtet, über den See auf die Alpen.[23]

Die Aussicht von diesen Hotels sei so vollkommen, schrieb Henry James 1873, dass sie ihm – und weiteren »5000 – oder 50,000 – behaglich untergebrachten Zuschauern am Seeufer« – wie ein perfektes künstliches Spektakel vorkomme. Sicherlich, ergänzte er ironisch, seien unzählige emsige Bühnenarbeiter und Impresarios dafür hinter den Kulissen an der Arbeit. Wie Nervals Orient war die alpine Aussichtsmetropole mit der sie umgebenden eindrucksvollen Landschaft nicht immer schon da, sondern musste erst einmal von der Infrastruktur, die den Betrachtern ihren Genuss erst ermöglichte, erzeugt, gerahmt und dramatisch inszeniert werden. Genau das leisteten die Hotels, und ihren Besuchern war das auch bewusst. Sie seien »ein perfektes System«, ergänzte James: Man gewinne den Eindruck, dass die Berge jahrtausendelang auf die Hotels gewartet hätten, um endlich ebenbürtige Gegenüber zu haben.[24] Die Hotels waren unübersehbar und mussten es auch sein, des Marketings wegen: Mit klassischen Säulen, neogotischen Türmen und neobarocken Fassaden waren sie üppig dekorierte Historienträume.

Zwischen den neu errichteten Luxusherbergen und dem schimmernden See mit den Bergen dahinter gab es allerdings ein Stück Geschichte, das die Aussicht störte – die fast 400 Meter lange gedeckte hölzerne Hofbrücke aus dem 14. Jahrhundert, die als Teil der alten Stadtbefestigung das Ufer gesichert hatte. Die frühen Besucher erwähnten sie wegen ihrer Länge, fanden sie aber »elend« (Karl Spazier) oder, wie der Göttinger Professor Christoph Meiners, »eng, stinkend, ohne alle Pracht«. Sie war das falsche Mittelalter. Deswegen wurde sie in mehreren Etappen 1836, 1845 und endgültig 1852 abgerissen. Abgerissen wurden gleichzeitig – wie in fast allen anderen europäischen Städten – auch Luzerns mittelalterliche Stadtmauern mit insgesamt 30 Türmen, denn Platz war knapp. Luzern hatte zwischen 1810 und 1870 seine Einwohnerzahl mehr als verdreifacht. Verschont wurde nur der nördliche Abschnitt, die sogenannte Museggmauer. Ihre neun Türme waren wegen ihrer exponierten Lage auf einem steilen Bergrücken niemandem im Weg.[25]

Zu den mittelalterlichen Befestigungen gehörte auch die Kapellbrücke quer über die Reuss mit dem Wasserturm, Wahrzeichen der Stadt, beide aus dem 14. Jahrhundert: Auch von ihr wurde für den Ausbau der Uferquais zwischen 1833 und 1839 ein Viertel abgerissen. Drei prominente Bürger, ein Ratsherr, der Stadtarchivar und der ehemalige Finanzdirektor, die den Abriss in einem offenen Brief als »Barbarismus« bezeichnet und dagegen protestiert hatten, wurden vom Stadtrat daraufhin wegen übler Nachrede verklagt und verurteilt. Denn die weit überwiegende Mehrzahl der Stadtbewohner war für den Abriss der Türme, Brücken und alten Mauern. »Die Abtragung der mittelalterlichen Kolosse«, so eine amtliche Verlautbarung 1855, wurde als Befreiung und Verschönerung empfunden. Der Mehrzahl der auswärtigen Besucher ging das genauso. Leo Tolstoi, 1857 auf einem längeren Sommerurlaub in der Schweiz, beschrieb in seiner Erzählung »Luzern« die Altstadt als düsteren Ort. »Enge, schmutzige Gassen ohne Beleuchtung«, in denen der Held seiner Novelle betrunkenen Arbeitern und armen wasserholenden Frauen begegnet – was für ein Gegensatz zu den lichtdurchfluteten »prachtvollen fünfstöckigen Gebäuden« der Hotels am See, wo er Quartier genommen hatte.

John Ruskin lag also ziemlich richtig mit seiner pessimistischen Einschätzung, die wir schon kennengelernt haben: Er hatte ein Jahr zuvor, 1856, der Altstadt und den mittelalterlichen Brücken von Luzern den nahen Untergang durch ihre touristische Erschließung vorausgesagt, Fremdenverkehr als Totentanz. 1871, nach der Fertigstellung der weit bequemeren Seebrücke, die den Bahnhof direkt mit den Hotels am Schweizerhofquai verband, ging bei der Luzerner Stadtregierung eine Petition zum sofortigen Abriss der Kapellbrücke und des Wasserturms ein, unterschrieben von 68 prominenten Bürgern.

Im selben Jahr ermahnte der neu erschienene deutsche Berlepsch-Reiseführer seine Leser, sie sollten beide mittelalterlichen Monumente unbedingt rasch besuchen, weil ihr Abriss in naher Zukunft beschlossene Sache sei.[26]

Die Bedrohung des schönen Alten steigert die Intensität, mit der es erlebt werden kann. Das ist nicht das Gegenteil von touristischer Nutzung, sondern Teil davon. 1881 ließ der Luzerner Historiker Theodor von Liebenau seine Stadtgeschichte mit dem dramatischen Satz beginnen: »Das alte Luzern geht unter.« Noch einige Jahrzehnte, fuhr er fort, und die guten alten Sitten würden ebenso verschwunden sein »wie die wenigen Baudenkmale aus den Tagen des Mittelalters«.[27] Tatsächlich war 1898 anlässlich der Neugestaltung des rechten Reussufers ein weiterer Teil der Kapellbrücke abgerissen worden, und ein Artikel im *Luzerner Tagblatt* bemerkte am 12. Juni 1898, durch den Abriss sei »der gebliebene Rest als Alterthum minderwertig geworden. Vom ästhetischen Standpunkt aus wäre nicht mehr viel einzuwenden gegen den vollständigen Abbruch, wodurch die Aussicht und das Bild von hüben und drüben viel gewinnen würde.« Ein Artikel in der Zeitung *Centralschweizer Demokrat* zehn Tage später wurde noch ein bisschen deutlicher. Die Kapellbrücke als Ganzes sei ein »alter schwarzer Holzkasten«, und es sei »doch an der Zeit, mit diesem garstigen Möbel abzufahren«. Nachrichten in englischen Zeitungen über den angeblich geplanten Abriss der Brücke veranlassten dann im Januar 1899 eine dramatisch formulierte öffentliche Petition an den Stadtrat für deren Rettung und Erhaltung. Kluge Luzerner Hoteliers nutzten das Aufsehen, um sich in der britischen Öffentlichkeit als Verteidiger des Alten zu inszenieren – und gleichzeitig Werbung für ihre komfortablen Hotels zu machen.[28]

Das echte Alte mit Geranien

Aber die Geschichte der mittelalterlichen Altstadt im 19. Jahrhundert ist nicht nur die dramatisierte Untergangsgeschichte, wie Ruskin sie für Luzern (und, mit noch viel mehr Wirkung, für Venedig) formuliert hat. Der Fremdenverkehr konnte von Beginn auch als enthusiastischer Bezug auf das raue, echte, schöne Alte auftreten; und deswegen hat er spätestens von den 1860er Jahren an historische Überreste vor Verfall und Abriss bewahrt. 1864, nur wenige Jahre nach Ruskins Klage, ließ der Luzerner Stadtrat die verbliebenen Reste der Stadtbefestigung untersuchen und bewilligte einen jährlichen Kredit für Erhaltungsarbeiten, weil man sie »als Zierde der Stadt« ansehe.[29]

Auch anderswo in Europa wurden im Zug der städtebaulichen Modernisierung alte Gebäude nicht nur abgerissen, sondern erhalten und als touristische Attraktionen restauriert. Das im 13. und frühen 14. Jahrhundert errichtete Dominikanerkloster in Konstanz war nach seiner Säkularisierung und Schließung 1785 am Beginn des 19. Jahrhunderts erst einmal zu einer Fabrik – einer Indigofärberei – umgebaut worden. Mit dem Anschluss ans Eisenbahnnetz 1863 wurde auch Konstanz sehr rasch zum Touristenziel. Der Bruder des Grafen Zeppelin erwarb 1875 das Dominikanerkloster und baute es zum luxuriösen Inselhotel um. Dessen Homepage wirbt heute mit dem »atemberaubenden Ausblick auf den See« und damit, die großen Ereignisse im »geschichtsträchtigen Kloster« seien »im alten Kreuzgang dank der gut erhaltenen Fresken einwandfrei nachvollziehbar«. Und alle Zimmer mit WLAN und »Flatscreen-TV mit Sky«.[30] Man will ja nicht nur auf den See und ins Mittelalter schauen.

Wenn Vergangenheit touristisch genutzt werden soll, muss sie erstens sichtbar sein, original, aus sich selbst heraus (oder wenigstens so aussehen). Und zweitens muss sie aktuell nutzbar sein, also aufdatiert für die Bedürfnisse ihrer Besucher. Das ist keine Besonderheit des 21. Jahrhunderts, sondern war schon vor 150 Jahren so: Seit den erfolgreichen Restaurationsprojekten von Viollet le Duc und seinen Kollegen genügten die erhaltenen architektonischen Monumente den ästhetischen Ansprüchen an richtiges pittoreskes Mittelalter nicht mehr.

Sie mussten deswegen nicht nur wiederhergestellt, sondern gleichzeitig auch verbessert werden. Nach der Reichsgründung 1871 wurden in vielen deutschen Städten alte Hausfassaden nachträglich mit »mittelalterlichen Fresken« versehen – auch die im Konstanzer Inselhotel sind damals entstanden. In Luzern, wo 1825 das von Hans Holbein bemalte Hertensteinhaus mit den ältesten Renaissance-Fresken nördlich der Alpen abgerissen worden war, wurden ab den 1880er Jahren ganze Straßenzüge mit neuen alten Fresken im Stil des frühen 16. Jahrhunderts geschmückt. Die Entwürfe dafür stammten von demselben Architekten Emil Vogt, der auch die historistischen Fassaden der monumentalen neuen Hotels am See und in der Stadt entworfen hatte; zuerst in Luzern, dann auch in Lugano, Florenz, St. Moritz und im ägyptischen Luxor.[31] Vogts letztes großes Projekt war das luxuriöse King David Hotel in Jerusalem, das er im »altbiblisch-orientalischen Stil« entwarf.

Fotografien dieses pittoresken Orients waren im letzten Viertel des 19. Jahrhunderts zum beliebten Souvenir von Reisenden geworden. Der in Kairo tätige österreichisch-ungarische Fotograf Otto Schoefft produzierte seine erfolgreichen Aufnahmen vermeintlich alltäglicher »echter orientalischer Strassenszenen« vom Beginn der 1870er Jahre an in Kulissen aus Antiquitäten, die er in seinem Hinterhof aufgebaut hatte. Das wirklich existierende Kairo war für diesen Zweck nicht mehr orientalisch und pittoresk genug, fand er; seine Nachfolger, die griechischen Gebrüder Zangaki, nutzten sein Ensemble bis Mitte der 1880er Jahre für viele weitere Fotos. Diesen Orient konnte man 1889 auch auf der Pariser Weltausstellung besichtigen. Dort war eine Straße aus der Altstadt von Kairo plus Minarett so täuschend ähnlich nachgebaut worden, dass sich auch »echte Orientalen« in ihrer Heimat wähnten, wie die Pariser Zeitungen stolz schrieben: Und selbstverständlich wurde diese Replik ihrerseits wieder in Fotografien reproduziert.[32]

Geschichte, anders gesagt, wurde im letzten Drittel des 19. Jahrhunderts etwas, was man neu bauen konnte und eigentlich auch neu bauen musste, wenn sie den technischen, ästhetischen und politischen Ansprüchen der Gegenwart genügen sollte. In dieselben Jahrzehnte fallen die großen Unternehmen, bei denen in der Vergangenheit unvollendet gebliebene mittelalterliche Großbauwerke fertiggestellt wurden, von den Domen in Siena und Florenz bis zu vielen gotischen Kathedralen in Deutschland. Aus dieser Zeit stammen auch die »gotische« Mittlere Brücke und die meisten der heute sichtbaren mittelalterlichen Stadttore in Basel, phantasievolle Remakes einer städtischen Mittelalterbegeisterung.[33]

Derselbe Enthusiasmus ließ auch komplett neue alte Orte als Zeugen der Präsenz einer verschwundenen und selbstbewusst (und leicht vergrößert) wiederhergestellten Vergangenheit entstehen – den Turiner

»Borgo medievale« anlässlich der Industrieausstellung von 1884 ebenso wie die zahlreichen monumentalen neomittelalterlichen und Neorenaissance-Bauten in anderen italienischen Städten, unter anderem in Arezzo und Siena. Nicht alles Pittoreske in einer Altstadt stammt aus dem Mittelalter; vor allem dann nicht, wenn es sehr mittelalterlich aussieht. Historische Gebäude wurden nicht nur im 19. Jahrhundert neu errichtet: Im faschistischen Italien der 1920er und 1930er Jahre wurden Florentiner Fassaden aus der Renaissance umgebaut, um in bestimmten Quartieren ein »mittelalterlicheres« Stadtbild zu erzeugen. In Arezzo und San Gimignano wurden Türme im Stil des 13. und 14. Jahrhunderts neu errichtet; bereits vorhandene wurden kurzerhand um ein Drittel erhöht, um eine eindrucksvollere Silhouette zu erzeugen und die touristische Attraktivität zu steigern. Aus demselben Grund (und nach dem Vorbild der Renovierung der Danziger Altstadt durch nationalsozialistische Planer) wurden in Basel in den 1930er Jahren die Straßenzüge der Innenstadt zu »typisch mittelalterlichen« Häuserzeilen umgebaut, mit vereinheitlichten Fassaden, Geranien und den alten Hausnamen in gotischer Schrift. Basels mittelalterliche Altstadt sollte so mittelalterlich und so baslerisch werden wie nur möglich, und so kann man sie bis heute besichtigen.[34]

Denn die touristische Attraktion, das war die übriggebliebene, gerade noch sichtbare Vergangenheit. »Nicht was neu ist« sei es, »das die Fremden anzieht und festhält«, hatte die *Allgemeine Schweizer Zeitung* 1898 über die Luzerner Kapellbrücke geschrieben, »sondern das Alte, Historische«.[35] Je schneller Luzern sich modernisierte – nicht zuletzt durch den Tourismus als boomende Dienstleistungsindustrie –, desto historischer wurde seine Altstadt, und das ist hier nicht im abstrakten

Sinn gemeint. Weil die existierenden mittelalterlichen und barocken Gebäude zwar schön, aber nicht mittelalterlich und barock genug waren, wurden sie entsprechend umgebaut. Die im 17. Jahrhundert fertiggestellte Jesuitenkirche hat ihre barocken Zwiebeltürme erst 1893 bekommen, im selben Jahr, in dem der neue Bahnhof im Stil der Neorenaissance eröffnet wurde: Man wollte den englischen und deutschen Touristen eine Stadtsilhouette mit möglichst eindrucksvollen Kuppeln und Türmen präsentieren. 1899 wurde das Projekt lanciert, das aus dem 17. Jahrhundert stammende Luzerner Rathaus mit dem benachbarten Amrhynhaus zu einem gewaltigen historistischen Großbau zu erweitern, doppelt so hoch wie der originale Bau. Eine Art Supervergangenheit, nach einem Entwurf von Jacques Gros, der zuvor in Zürich das Grand Hotel Dolder errichtet hatte. Sein Neubau genügte den Ansprüchen an ein ordentliches pittoresk-monumentales Denkmal städtischen Selbstbewusstseins eher als das alte Luzerner Rathaus. Das Projekt wurde von der Luzerner Öffentlichkeit zunächst enthusiastisch begrüßt.[36]

Die Luzerner Altstadt in ihrer heutigen Form ist deshalb ungefähr so alt wie das Bayrische Nationalmuseum oder das Zürcher Landesmuseum. Das ist 1896 eröffnet worden – eine Stahlbetonkonstruktion in der Form eines vergrößerten spätgotischen Schlosses. Es hat übrigens einen Doppelgänger, ein im selben Jahr aus Holz und Gips erbautes Gegenstück, die Vajdahunyad vara in Budapest. Sie wurde als ein *extended remix* mehrerer mittelalterlicher Burgen anlässlich der Feiern zum tausendjährigen Bestehen Ungarns in die boomende Millionenstadt hineingebaut. Von 1904 bis 1906 wurde sie aus Stein neu errichtet. Unter ihr befand sich die erste U-Bahn-Station der Stadt, die ebenfalls zur Millenniumsausstellung 1896 eröffnet worden war.

Am Beginn des 20. Jahrhunderts verzeichnete Luzern über eine halbe Million Übernachtungen pro Jahr und hatte mehr als hundert Hotels mit über 3000 Bediensteten – zum weitaus größten Teil schlecht bezahlte Saisonkräfte, die mit Wanzen und der gefürchteten Tuberkulose (sarkastisch »Hotelkrankheit« genannt) zu kämpfen hatten und teilweise allein von den Trinkgeldern lebten. Über die Luxushotels des 19. Jahrhunderts sollte man aber schon deswegen nicht die Nase rümpfen, weil wir in gewisser Weise heute alle dort wohnen. Zentralheizung, Aufzüge, Elektrizität, Telefon und das Wasserklosett wurden für diese rosa Fabriken der Industrialisierung entwickelt und marktreif gemacht, lange bevor sie zum Standard in Wohnungen wurden.[37] Als Boomtown des Fremdenverkehrs hatte Luzern auch den ersten touristischen Zeppelin-Flughafen der Welt – 1910 eröffnet, 1912 bankrott. Eine riesige Rollschuhbahn gab es ebenfalls, elektrisch beleuchtet und dekoriert als überdimensionale Ritterburg. Franz Kafka und Max Brod haben sie in ihren Reisetagebüchern 1911 beschrieben. Man soll die gute alte Zeit nicht unterschätzen. Sie war effizient, laut, ziemlich aufdringlich und vor allem schnell. Am Höhepunkt des Booms, 1913, hatte die Stadt 112 Hotels. Dreißig Jahre später war davon weniger als ein Drittel übrig.

In diese schnelle alte Zeit passt auch die Geschichte jener Dekorationspflanze, ohne die sich im 20. und 21. Jahrhundert im deutschen Sprachraum niemand eine Altstadt vorstellen kann. Für den Schmuck der Luzerner Kapellbrücke ist sie ebenso unentbehrlich wie für die Altstädte von Konstanz, Basel, Freiburg im Breisgau oder wohin es Ausflügler sonst ziehen mag für ein Wochenende in der beschaulichen Vergangenheit. Sie schmückt auch die Blumenkästen an der Fassade des Inselhotels Steigenberger: die Geranie.

Botanisch korrekt heißt sie Pelargonie und hat Migrationshintergrund; sie kommt von der Südspitze Afrikas. Erstmals nach Europa gebracht wurden die bunt blühenden Storchschnabelgewächse im 17. Jahrhundert, als seltene und kostbare Attraktionen botanischer Gärten. In die Balkonkästen einfacher Leute gewandert sind sie erst als Neuzüchtungen im 19. Jahrhundert – 1852 wurde die Geranie die »neue deutsche Modepflanze«, schrieb damals die Zeitschrift *Gartenflora*. Weil die subtropischen Storchschnabelgewächse mit dem Klima immer noch Mühe haben und im ersten Jahr am prächtigsten blühen, kommen sie heute als Stecklinge per Luftfracht aus Äthiopien. 2015 waren es 55 Millionen Jungpflanzen pro Saison: Sie sind notwendig, um in Deutschland und der Schweiz das sommerliche Gefühl von Heimat, historischem Ambiente und guter alter Zeit zu erzeugen.[38]

Unterwegs mit der Zeitmaschine

Wie konnte man sie erreichen, die intakte heile Welt von früher? Das 19. Jahrhundert hatte sich selbst vorausgesagt, es werde das »Jahrhundert der Geschichte« werden – so Augustin Thierry 1824; und kein Phantasma des 19. Jahrhunderts hat diese selbsterfüllende Prophezeiung so schön bestätigt wie die Zeitmaschine. Die literarische Phantasie einer Reise zurück in eine Vergangenheit ist eine Erfindung jenes 19. Jahrhunderts, das sich so umfassend der Wiedererrichtung und Verbesserung der eigenen romantischen Vorläufer gewidmet hat. Auf dieser Reise geht es nicht in die Unterwelt und nicht zu den Toten, um sie aufzuwecken und zu befragen, wie bei Cyriacus von Ancona im 15. Jahrhundert und seinen antiken Vorläufern. Aufgebrochen wird vielmehr in eine wunderbar wieder zugänglich gemachte Epoche, in der die jetzt Toten noch am Leben sind und der Besucher sich zusammen mit ihnen in einem komplett wiederbelebten Damals als Ausflugsort tummelt.

Realisiert wurde diese Reise zum ersten Mal dort, wo viele der pittoresken Phantasien ihren Ursprung haben, denen wir in diesem Kapitel begegnet sind, patriotische Helden aus dem Mittelalter ebenso wie Nervals berückender Orient: auf der Bühne, in der Illusionsmaschine Oper. Die Oper war im 19. Jahrhundert zum extrem wirkungsmächtigen Medium geworden, nicht nur sozial, sondern auch ökonomisch: Als Opernimpresario konnte man reich werden; in der Oper bündelten sich gesellschaftliche Sehnsüchte und Utopien.[39] Richard Wagner war der Erste, der mit der Verschmelzung von gefühlsintensiver Musik, historischer Handlung im Libretto und illusionistischem Bühnenbild seine Opern zu buchstäblich unentrinnbaren Gesamtkunstwerken erweiterte. (Seit Wagner wird im Zuschauerraum der Oper das Licht gelöscht.) Die früheste Phantasie einer Reise zurück in die Zeit – ins Mittelalter, wenig überraschend – findet sich in seinem »Parsifal«, 1882 uraufgeführt. Dort kann die Hauptfigur – und mit ihm eben der Opernzuschauer – um tausend Jahre in die Vergangenheit zurückreisen. »Ich schreite kaum / doch wähn ich mich schon weit«, singt Parsifal. »Du siehst, mein Sohn«, antwortet bei Wagner der Reiseführer, »zum Raum wird hier die Zeit.« Dann schwillt die Musik an, das Bühnenbild ändert sich, und, schwupp, sind wir im frühen Mittelalter – und nicht irgendwo, sondern beim Heiligen Gral. Sechs Jahre später, 1888, wird H. G. Wells seine Artikelserie »The Chronic Argonauts« veröffentlichen, wo man noch viel weitere Distanzen überwinden kann; viele hunderttausend Jahre zurück, aber auch nach vorn, in die Zukunft. Umgearbeitet zum Roman erschien das Buch 1895 unter dem Titel »The Time Machine«.[40]

Fiktive Reisen hatten schon früher zum festen Unterhaltungsangebot der Touristenmetropole Luzern gehört, die rund um das Löwendenkmal entstanden war. Im Gletschergarten konnte man mit wenigen Schritten eine hochgelegene Alphütte erreichen und dort durch das Fenster den Gipfel des Matterhorns bewundern. Im »Staufferschen Museum der Tiergruppen« nebenan konnte man die Fauna der unzugänglichen Gipfel aus nächster Nähe betrachten und in »Meyer's Diorama« jede halbe Stunde in Farbe und absolut lebensecht Sonnenauf- und -untergang vom Gipfel der Rigi, des Pilatus und des Gornergrats miterleben, ohne dafür die Berge besteigen zu müssen. In dem 1881 eröffneten Panorama konnte man in Lebensgröße, täuschend echt und dreidimensional, zuerst den heroischen letzten Kampf der Schweizergardisten 1792 und dann den Übergang der geschlagenen Bourbaki-Armee 1871 über die Schweizer Grenze miterleben. Ein 1898, drei Jahre nach Wells' Roman, erschienener Artikel im *Manchester Guardian* machte aus der Luzerner Altstadt und der vermeintlich vom Abriss bedrohten Kapellbrücke selbst eine Zeitmaschine. Sie ermögliche ihren Besuchern, so der Journalist, zurückzuschauen in die »viel friedlicheren und schöneren Tage des 15. und 16. Jahrhunderts«.[41]

Natürlich meinte der Journalist das nicht wörtlich. Und natürlich glaubt niemand, auf einer Opernbühne tatsächlich ins Mittelalter zurückreisen zu können. Der Modus des Als-ob, den diese Inszenierungen erschaffen – in der wirklichen Welt, mit umfangreichen technischen Vorrichtungen, Bauwerken, Personal und realen Investitionen –, erzeugt seine Wirkungen dadurch, dass er seinen Besuchern und Zuschauern bestimmte Empfindungen und Gefühlsäußerungen nahelegt. Besucher historischer Stätten und Städte wissen, was sie dort erwartet, nämlich für sie aufbereitete und sichtbar gemachte Überreste von früher. Und sie wissen, wie sie sich diesen gegenüber angemessen zu verhalten haben, schließlich sind sie deswegen gekommen. Touristische Inszenierungen sind Aufführungen mit verteilten Rollen und diskreten, aber durchaus strengen Pflichtenheften mit Mitmachen, Mitspielen und Miterleben – inklusive der Aufforderung, dieses eigene Erleben mit anderen zu teilen.

Luzern und seine Wahrzeichen kommen deshalb ausführlich in dem satirischen Reisebericht vor, den Mark Twain 1880 unter dem Titel »A Tramp Abroad« publiziert hat. Auf der Basis seiner eigenen Reise zwei Jahre zuvor schildert Twain die Erlebnisse zweier amerikanischer Touristen, die eigentlich zu Fuß unterwegs sein wollen, auf ihrer Suche nach dem Einfachen und Ursprünglichen aber vom komplizierten Europa (und der schrecklichen deutschen Sprache) aufs äußerste gefordert werden. Twain macht sich gleichzeitig über sich selbst und die ihm gebotenen Attraktionen lustig: Die Intensivierung und kommerzielle Vervielfältigung des Erlebnisses hat eben ihren Preis. Das Wirtschaftsleben Luzerns, schreibt Twain, bestehe hauptsächlich aus Andenkenläden. »Die Läden sind voll mit Bergkristallen, Landschaftsfotografien und Holzschnitzereien. Ich möchte die Tatsache nicht verhehlen, dass es dort kleine Abbildungen des Löwen zu kaufen gibt. Millionen davon.« Sie seien, fügt er hinzu, so allgegenwärtig, »dass sie dem ermüdeten Auge bald unerträglich wurden«.[42]

Da ist er, der von seiner eigenen Suche irregeführte und erschöpfte Tourist. Wer in die Vergangenheit will, muss sich aber auf noch mehr gefasst machen. 1889 hatte Mark Twain einen mit der Technik des Industriezeitalters ausgerüsteten Amerikaner aus Connecticut nicht nach Luzern, sondern direkt ins frühe Mittelalter reisen lassen, an den mythischen mittelalterlichen Hof von König Artus im Jahr 528. Dessen Reich ist bei Twain kein Sehnsuchtsort, sondern abergläubisch, gewalttätig und bizarr. Es wird dann von dem Reisenden mit Hilfe von Fahrrädern, Zeitungen, Telegraphen und Sprengstoff brutal modernisiert. 1869 hatte Mark Twain bereits einen polemischen Bericht über seine Reise nach Europa und zu den biblischen Stätten publiziert, »The Innocents Abroad«. Er beschrieb das Heilige Land darin als öde, verarmt und menschenleer, die osmanische Verwaltung als rückständig und korrupt: Mark Twains Orient ist arm und schmutzig, genauso wie sein Mittelalter zwanzig Jahre später ein dunkler und böser *failed state* ist. Am Ende des Romans geht dieser in einem Bürgerkrieg unter, den der Zeitreisende mit seinen überlegenen Technologien ausgelöst hat.[43]

Mark Twains humoristische Texte über die Suche nach der idyllischen Vergangenheit haben unüberlesbare dunkle Seiten. Jede Zeitmaschine bezieht ihre Wirkungen nicht aus der Vergangenheit, die man bereisen könnte, sondern aus der Verknüpfung vertrauter Stereotypen von »früher« mit der jeweiligen Gegenwart ihres Publikums. Die Kritik am industrialisierten Fremdenverkehr und seinen Rückkopplungseffekten ist keine neue Errungenschaft, sondern hat ihn von Anfang an begleitet. Der Tourismus ist vielleicht das eindrucksvollste Beispiel eines Dienstleistungssektors, der auf Bildern und künstlichen Welten beruhte – Mark Twain war 1867 in Palästina auf den Spuren des britischen Fotografen Francis Bedford unterwegs, der das Heilige Land 1862 bereist hatte und seine Fotos 1866 in einem aufwändigen Bildband herausbrachte. Die Bilder von diesen Idyllen – orientalische und mittelalterliche ebenso wie alpine – wurden von Anfang an als artifiziell wahrgenommen. In den Fotostudios, die an den Touristenorten entstanden, konnte man sich selbst in allen möglichen Verkleidungen aufnehmen und vervielfältigen lassen, in orientalischen Kostümen ebenso wie als Alphirt oder Sennerin verkleidet. Und natürlich konnte man die massenhaft reproduzierten Abbilder der lokalen Sehenswürdigkeiten erwerben, deren schiere Anzahl – »Millionen« – Mark Twain in Luzern so ermüdet hatte.

Die Brücke als Loch

Vervielfältigung ist das Schicksal jedes Monuments, sobald es zum historischen Wahrzeichen kanonisiert wird: So ging es zuerst dem Luzerner Löwen, dann der Kapellbrücke plus Wasserturm. Die Geschichte der Altstadt ist aber nicht nur eine Geschichte von Zerstörung, Restaurierung, Monumentalisierung und Vervielfältigung. Sie ist gleichzeitig auch die Geschichte von Löchern. Löcher sind unsichtbar, aber präsent – historische Symptome, könnte man sagen.

Am Beginn der 1990er Jahre befand sich direkt über der Altstadt unter den Türmen der alten Stadtbefestigung ein kirchliches Pflegeheim. Eine der Bewohnerinnen war eine demente alte Dame, weit über 80, aber noch gut zu Fuss. Sie lief immer wieder aus dem Heim weg; aber die Pfleger wussten, wo sie sie suchen mussten. Die Dame war in einem Haus am Mühlenplatz in der Altstadt aufgewachsen, Nr. 14. Das Haus war 1968 für den Neubau des benachbarten Warenhauses abgerissen worden, nur die Fassade blieb erhalten: Vor dieser Fassade stand dann jedes Mal die verwirrte alte Dame, in Schlafrock und Pantoffeln, und suchte die Tür. Sie sei hier daheim, sagte sie Passanten. Dorthin wolle sie zurück. Das Haus war ja auch noch da. Nur die Eingangstür in die Vergangenheit, die war weg.

Etwas Ähnliches gilt für die Luzerner Kapellbrücke, letzter Rest der mittelalterlichen Stadtbefestigung, Wahrzeichen der Stadt. Errichtet wurde sie in der ersten Hälfte des 14. Jahrhunderts, die ältesten Holzteile aus der Brücke sind dendrochronologisch auf das Jahr 1365 datiert. Es sind aber nicht sehr viele: Denn die Brücke musste seither ununterbrochen erneuert werden. Die Lebensdauer der eichenen Trägerpfähle, auf denen die Brücke zu mehr als zwei Dritteln steht, beträgt maximal 50 Jahre; noch häufiger ersetzt werden müssen die Ziegel und die Bretterkonstruktion, auf der man geht. Die Brücke wurde 1461 und erneut 1611 gründlich renoviert, und ihre Holzteile wurden 1741 und im 19. und 20. Jahrhundert abermals weitgehend ausgewechselt, sonst wäre die Brücke nicht mehr da. Die letzte große Renovation fand 1968 statt, die alten Balken wurden dabei zu etwa drei Vierteln durch neue ausgetauscht.

Die Brücke ist also nicht einfach ein Bauwerk, sondern eine Performance, erhalten durch diskrete, aber ununterbrochene Reparatur und Ersatz.[44] Als die Kapellbrücke in der Nacht vom 18. auf den 19. August 1993 Feuer fing und fast vollständig abbrannte, ging das als Schreckensnachricht um die Welt. Der Luzerner Tourismusdirektor weinte vor laufenden Fernsehkameras, und die Schlagzeilen der Zeitungen beklagten die Zerstörung eines unersetzlichen historischen Baudenkmals: »Luzerns entstelltes Gesicht« lautete die Überschrift zu einem Foto der Brandruine. Die Brücke wurde in exakt identischer

Form wieder aufgebaut und nach acht Monaten erneut für Besucher geöffnet. (Mit Geranien.) An den Brand erinnern heute mehrere verkohlte Holzpfeiler und die leeren Rahmen von 78 von insgesamt 111 Bildern aus dem 16. Jahrhundert, die vom Feuer zerstört wurden. Die vielen Millionen Besucher, die sie jährlich überqueren, scheint das nicht zu irritieren, im Gegenteil: Der Souvenirstand in ihrem Inneren bietet neben vielen anderen Ansichtskarten auch solche mit Fotos der brennenden Brücke an.[45]

Das Wahrzeichen des alten Luzern ist aber nicht einfach wiederauferstanden. Es ist heute sichtbarer als je zuvor, unendlich vervielfältigt in den Prospekten der Luzerner Tourismuswerbung, in Souvenirs von hyperrealistischen Postkarten bis zu den vielen kleinen Wassertürmen aus der Produktpalette der lokalen Zuckerbäcker – von den Bildergalerien auf digitalen Plattformen wie Instagram oder Facebook ganz zu schweigen. Reproduzierbarkeit und Wiederholung sind die Grundbedingung für touristische Verwertung. »Hey«, schrieb 2015 ein Besucher der Kapellbrücke auf seiner Website Travelbuddy, »I saw this view a 1000 times before I came here.«

Die Stadt Luzern hat heute etwas über 80 000 Einwohner, von denen nur ein kleiner Bruchteil in der Altstadt lebt. Sie wird jährlich von fünfeinhalb Millionen Touristen besucht; etwa ein Fünftel davon übernachtet in der Stadt, die anderen bleiben kürzer – im Schnitt ungefähr vier Stunden.[46] In denen absolvieren sie den Stadtrundgang zum Löwen, zum Wasserturm und zur Aussicht vom Seeufer mit den großen alten Hotels auf das Alpenpanorama. Sie besichtigen das, was John Ruskin, James Fenimore Cooper, Mark Twain und Franz Kafka auch schon besichtigt haben, auf denselben von Andenkenläden gesäumten Routen.

7 Ansichtskarte von Luzern, gelaufen 2013

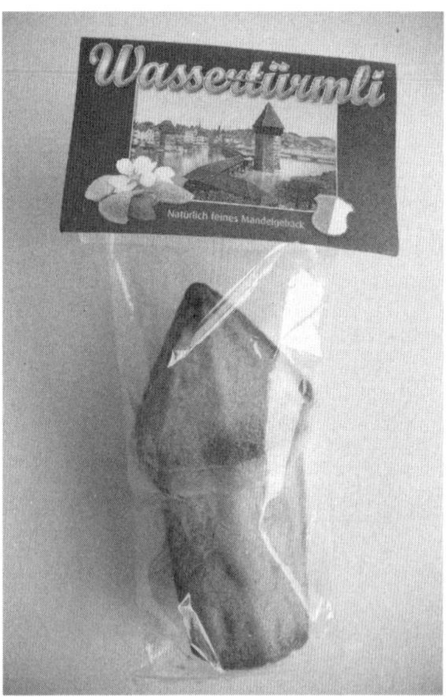

9 Wasserturm aus Mandelteig

8 Wasserturm aus Schokolade

10 Kapellbrücke in Luzern und Besucher, 2016

Denn das ist es, was die Simulation bietet: Orientierung. Auf Nachahmung ist Verlass. Deswegen auch die selbstbewusste Künstlichkeit dieser touristischen Wahr-Zeichen: Sie versprechen ihren Besuchern, das Verschwundensein der Vergangenheit – ihre radikale Unzugänglichkeit – selbst zum Verschwinden zu bringen. Tourismus ist das Versprechen, in die eigentlich verschwundene Vergangenheit zurückkehren zu können, und genau das tun die Besucherinnen und Besucher der Luzerner Altstadt, der großen Rückkopplungsschleife ins 19., 16. und 15. Jahrhundert.

Richard Wagners Zeitmaschine läuft also munter weiter: Nur dass mittlerweile 40 Prozent ihrer Passagiere aus China, Indien und dem Mittleren Osten kommen, Tendenz steigend. Der Orient kommt, um die europäischen Träume von der Vergangenheit zu besichtigen und sich dabei auf Bildern festzuhalten. Auf der Bergstation der Titlisbahn, eine Stunde von Luzern entfernt, gibt es ein Fotostudio, in dem sich die Besucher in geliehenen Schweizer Trachten porträtieren lassen können. Arabische, indische und chinesische Familien machen davon kichernd und mit großem Vergnügen Gebrauch. Charles Nègre hätte das wahrscheinlich gefallen. Bei Mark Twain bin ich mir nicht so sicher.

4 Geschichte wiederholen: Identität aus dem Mittelalter

»Streichen wir die Vergangenheit«, sagt der Fotograf Henri Cartier-Bresson im Interview, 94 Jahre alt, ein schelmischer alter Herr mit Hörgerät. Dann lächelt er.
»Aber sie kommt zurück. Wie ein Aufstoßen.«

»Täglich Nostalgie-Fahrten«
Plakat der Schweizerischen Bundesbahn, Sommer 2017, Bergbahn Schynige Platte

»Die Wiederholung kommt zuerst.« Mladen Dolar

Luzern, Nationalquai, 1. August 2015: Nationalfeiertag, zur Erinnerung an die Gründung der Eidgenossenschaft vor 726 Jahren. Das Paar sitzt auf einer der Aussichtsbänke unter den Bäumen am See. Die Bänke sind grün gestrichen, der Fremdenverkehrsverein hat sie in unterschiedlichen Sprachen mit »Willkommen« beschriften lassen; auf dieser steht es auf Chinesisch. Die männliche Hälfte des Paars trägt eine Baseballkappe mit Schweizerkreuz; die weibliche ein Kellnerinnenkostüm, weiße Schürze. Neben ihnen auf der Bank liegen zwei große Kartons, auf denen »Gefrierfleisch« steht. Sie schauen auf den See hinaus.

Glaube und Kostümfilm: Jubiläumsgeschichten

Als Gonzague de Reynold, konservativer Publizist und Professor in Genf und Fribourg, die Luzerner Altstadt 1932 in seinem Buch »Städte und Landschaften« porträtierte, erzählte er keine Untergangsgeschichte mehr. Auch die Bedrohung des Alten durch Fremdenverkehr und technischen Fortschritt war bei ihm verschwunden – den »Hotels und Attraktionen« der Stadt für die Touristen widmete er nur einen wegwerfenden Halbsatz. Ihm ging es um den »Gedanken«, für den die alte Stadt an der Reuss stehe. Jede historische Entwicklung, schrieb er, kenne einen »Zeitpunkt, wo die erdgebundenen Kräfte und die geistigen Ströme ihren Höhepunkt erreicht haben und sich mit dem Feuer der Jugend und der Kraft der Reife in einem großen gemeinsamen Werk vereinen«. Luzern habe diesen Augenblick im 16. Jahrhundert gehabt: eine »wirkliche Wiedergeburt des Katholizismus, reich an Heiligen, Blutzeugen und Gelehrten, ein neues Mittelalter«. Diesen »Glauben, die Überlieferung, den Kampf«, das verkörpere die Kapellbrücke.[1]

Die völkischen Untertöne sind Absicht: Gonzague de Reynold, 1880 geboren, hat sich am äußeren rechten Rand des politischen Spektrums bewegt und wollte die Schweiz in einen autoritären christlichen Ständestaat umbauen.[2] Die historische Kulisse der Luzerner Altstadt, die im 19. Jahrhundert so sorgfältig wieder aufgebaut, gerahmt und optimiert worden war, wird bei ihm zum unmittelbaren Ausdruck vom uralten Echten und Eigentlichen und das 16. Jahrhundert zum besonders mittelalterlichen Mittelalter, zu einer Essenz schweizerischen »Geistes«; mit der Kapellbrücke (obwohl die 200 Jahre älter ist) als dessen Verkörperung.

In den 1920er und 1930er Jahren war es für Gebildete selbstverständlich, Geschichte aufzurufen, wenn es um die Bewältigung kollektiver politischer Aufgaben ging – am liebsten solche aus dem Mittelalter. Geschichte, begriffen als physische, biologische, körperliche Prägung, wurde als Urgrund und Treibstoff in einem aufgefasst. Die Neuzeit sei eine zutiefst dekadente Epoche, hat de Reynold wiederholt geschrieben, er wünsche sich ein »neues Mittelalter«. Der einflussreiche Publizist und Berater mehrerer Schweizer Regierungsmitglieder wusste auch ganz genau, wo diese ursprünglichere, authentischere Epoche zu finden sei: nicht nur in Luzern, sondern überhaupt in der Innerschweiz, bei den »heiligen Orten« am Rütli und am Schlachtfeld von Morgarten. Dort seien »mes pères« zu Hause, seine Väter: Er habe das Recht, sie anzurufen, schrieb er emphatisch. »Ich stamme von jenen Menschen ab; – das Blut der alten Eidgenossen rollt in meinen Adern.«[3]

Deren Zuhause konnte man sich auch anschauen gehen. Wer vom Vierwaldstättersee aus auf die Berge und Uri, Schwyz und Unterwalden blicke, könne direkt ins Mittelalter schauen, hatte 1928 der Schriftsteller Meinrad Inglin in seinem »Lob der Heimat« geschrieben. Die Landschaft war Inglin wichtig, weil er in seinen Romanen die ehrlichen urigen Bauern der zerrütteten modernen Zivilisation gegenüberstellte: Seinen Durchbruch beim Publikum hatte er im selben Jahr mit dem kritischen Fremdenverkehrsroman »Grand Hotel Excelsior«. In den fünf Erzählungen »Jugend eines Volkes«, die er 1933 herausbrachte, konnte man zurückreisen zu den allerersten Siedlern in den Alpen, in ein atemberaubend schönes, wenn auch etwas gewalttätiges Innerschweizer Urparadies, das in Inglins Erzählungen von der Jungsteinzeit direkt ins Mittelalter und zu Wilhelm

Tell übergeht – bei ihm ein überaus gutaussehender, in Tierfelle gekleideter heidnischer Outlaw.[4]

Mittelalterliche Helden dieses Typs waren 1933 auch in der Schweiz unverzichtbar. Die kritische Geschichtsforschung des 18. und 19. Jahrhunderts hatte die Erzählung vom mittelalterlichen Helden Tell und seinem Schuss auf den tyrannischen Landvogt zunehmend skeptisch gelesen und schließlich ins Reich der Sagen verbannt. In der Überlieferung in Urkunden und Archiven war nichts dazu zu finden, und der älteste Bericht von Tells Apfelschuss und Tyrannenmord stammte von 1472, fast zwei Jahrhunderte nach den angeblichen Ereignissen. 1930 trat der Historiker Karl Meyer allerdings mit der These auf, die Geschichte spiegle reale Ereignisse und die Gründung der Eidgenossenschaft am Ende des 13. Jahrhunderts – mit großem Erfolg. Derselbe Karl Meyer, gebürtiger Luzerner, publizierte 1932 im Auftrag der Luzerner Regierung eine Gründungsgeschichte der Stadt, unter dem Titel »Luzerns ewiger Bund mit der urschweizerischen Eidgenossenschaft« auch als populäre Volksausgabe herausgebracht. Die Stadt, so postulierte er, sei 1178 gegründet worden. Das war ein etwas waghalsiges Datum ohne direkten Beleg durch schriftliche Dokumente (die älteste erhaltene Erwähnung einer Stadt stammt von 1210), aber Luzern sollte gegenüber anderen Schweizer Städten wie Fribourg und Bern – gegründet 1157 und 1191, beide mit Urkunde – nicht zurückstehen.

Die Historikerkollegen reagierten eher skeptisch. Aber als 1939 in Luzern das Eidgenössische Schützenfest in einem großen historischen Umzug mit Szenen aus der Vergangenheit gefeiert wurde, erinnerten mehrere offizielle Redner wohlwollend an Meyers Arbeiten zu den mittelalterlichen Ursprüngen der freien Schweiz. Organisiert worden war der Luzerner Umzug unter anderem als Reaktion auf das Spektakel »2000 Jahre deutsche Geschichte und deutsches Heldentum«, das von der nationalsozialistischen Regierung 1937 in München abgehalten worden war – der größte je durchgeführte solche Umzug, wie die Organisatoren verkündeten. Festgehalten wurde das Propagandaspektakel im damals brandneuen Medium Farbfilm, aber auch in traditionelleren Medien – die Amateurfotografen sollten dabei erstmals »voll zur Gelegenheits- und Stimmungsbildnerei eingesetzt« werden, verlautete Goebbels' Ministerium. Der Münchner Festzug wurde 1938 und 1939 wiederholt. Erfolgreich waren aber auch Sammelalben für die kleinen farbigen Bilder mit Szenen aus dem Umzug, die in einer Gesamtauflage von fast 100 000 Stück von der Orientalischen Zigarettenfabrik Dresden herausgebracht worden waren. Die Vervielfältigung heroischer Geschichte im Bild und die Werbung für Zigaretten waren 1937 problemlos miteinander kompatibel.[5]

Öffentliche Gedenkfeiern zu mehrhundertjährigen Jahrestagen der Gründung von Städten oder zur Erinnerung an historische Ereignisse sind uns so vertraut, dass man leicht vergisst, dass es sie nicht immer schon gegeben hat. Ihre komplizierte Geschichte ist stark von religiösen Konzepten geprägt – die Einführung des »Heiligen Jahrs« in Rom 1300 und seine Wiederholung in zunehmend kürzeren Abständen hatte vor allem dazu gedient, mit Sonderangeboten für religiöse Dienstleistungen möglichst viele Pilger in die Stadt am Tiber zu holen. Säkularisiert und mit großen staatlich organisierten Aufführungen verbunden wurden sie erst im 19. Jahrhundert. Einen ersten Höhepunkt haben solche Veranstaltungen um 1900 erreicht; einen zweiten in den 1930ern, wo sie ausdrücklich als populäre Massenveranstaltungen mit möglichst hohen Zuschauerzahlen organisiert wurden.[6] Danach kamen sie etwas aus der Mode. Die öffentliche Feier von Jubiläen ging allerdings weiter, wenn auch fürs Erste in deutlich kleinerem Rahmen. Der Konstanzer Stadtarchivar Otto Feger hat 1964 anlässlich der Feiern zum 550. Jahrestag des berühmten Konzils in der Stadt am Bodensee noch eher schüchtern darüber nachgedacht, inwieweit die Konzilsbesucher Touristen im modernen Sinn gewesen sein könnten und auf der Suche nach ähnlichen Attraktionen. Schon wenige Jahre später, von den 1970er Jahren an, wurden historische Jahres- und Gedenktage mit großer Selbstverständlichkeit und noch größeren Marketinganstrengungen in den Dienst der Fremdenverkehrsförderung gestellt.[7]

Karl Meyers Gründungsdatum für Luzern von 1932 wurde deswegen 46 Jahre später begeistert aufgegriffen, um das achthundertjährige Jubiläum zu begehen. Startschuss der Feierlichkeiten war im April 1978 auf dem Kapellplatz die Übergabe einer großformatigen, zusammengerollten pergamentenen Gründungsurkunde durch drei Herolde in mittelalterlichen Kostümen an den Stadtpräsidenten. In der Festansprache beklagte der Historiker Alfred A. Schmid die nüchterne, farblose Gesellschaft der Gegenwart: Es brauche die lebendige Altstadt notwendiger denn je, die unbedingt vor weiterer Zerstörung gerettet werden müsse. Einen historischen Festaufzug gab es ebenfalls, bei dem 2700 kostümierte Mitwirkende die Gründung und den Bau der mittelalterlichen Stadt aufführten, samt Episoden aus deren Geschichte. Der größte Teil der Szenen war dem Mittelalter gewidmet, aber auch dem 19. Jahrhundert, nicht zuletzt dem Fremdenverkehr: Die Jungfernfahrt des ersten Dampfschiffs und der Besuch der

Königin Victoria wurden ebenso nachgespielt wie der Besuch des deutschen Kaisers Wilhelm II. vor mehr als 130 000 Zuschauern.[8]

Wie ein »lehrreicher Kostümfilm« sei ihm das Spektakel 1978 vorgekommen, kommentierte hinterher ein offenbar nur mäßig begeisterter Journalist. Hundert Jahre früher hätte er es wohl mit einer Oper verglichen. Ging es nicht darum, der Stadt und ihrer Bevölkerung ihr eigenes historisches Erbe und ihre Identität wieder ins Bewusstsein zu rufen, wie die Beteiligten in ihren Ansprachen immer wiederholten? Im selben Jahr war der Platz vor der Jesuitenkirche einer »historischen Neugestaltung« unterzogen worden, mit einer vasengeschmückten Balustrade und einer Freitreppe zum Wasser nach venezianischem Vorbild.[9] Im Jahr zuvor hatte die große Landesausstellung über die Staufer in Baden-Württemberg Museen und Burgen eine Rekordzahl von Besuchern beschert und in Deutschland eine erste Welle öffentlicher Begeisterung fürs Mittelalter ausgelöst.

Um Besinnung auf das Eigene gehe es, hieß es 1978 bei den Ansprachen zum Luzerner Jubiläum. Die Veranstaltung sei »gläubig-patriotische Erhebung« gewesen, schrieb eine lokale Tageszeitung, »Gottesdienst und Staatsakt in einem« eine andere.[10] Bei den Jubiläumsfeiern zur 450-Jahr-Feier der Schlacht von Morgarten 1965 hatte ein historisches Freilichtspiel ebenfalls zur »Besinnung« aufgerufen, und in der anlässlich der Feier aufgelegten Broschüre wurde Meinrad Inglins Text von 1933 nachgedruckt. Eine Spendenaktion und ein im Fernsehen übertragener Sternmarsch der Schweizer Schuljugend sollte das angeblich bedrohte Schlachtengelände retten. Der Fernsehbeitrag endete mit einer Nahaufnahme von Schülern in weißen Hirtenhemden, die sangen: »Wir sind die jungen Schweizer / gar jung ist unser

Blut. / Doch strömt's aus alten Quellen, / der Winkelriede, Tellen, / und macht uns hochgemut.« Verpflegung für die jungen Teilnehmer – Fertigsuppe und Schokolade – hatte der Schweizer Lebensmittelhersteller Maggi beigesteuert und dazu seinen Markennamen samt Logo neben dem Schweizerkreuz auf Geschirr, Fähnchen und anderen Installationen unübersehbar präsentiert. Auch das ließ sich unter »Besinnung« verstehen, können wir annehmen: Wie in München 1937 war auch in den 1970er Jahren die Wiederaufführung heroischer nationaler Geschichte mit Reklame problemlos vereinbar – in diesem Fall nicht für Zigaretten, sondern für Suppenwürze.[11]

Noch sehr viel aufwendiger sollten nach den Vorstellungen der Planer die Feiern zum 700. Jahrestag der Gründung der Schweizer Eidgenossenschaft 1991 ausfallen. Geplant waren unter anderem eine Landesausstellung am Vierwaldstättersee als Leistungsschau der modernen Schweiz und Rückblick auf ihre Geschichte sowie die Aufführung eines historischen Festspiels mit Wilhelm Tell als Hauptfigur. Für die dafür notwendigen Finanzmittel fand sich allerdings in Volksabstimmungen in den beteiligten Kantonen 1987 keine Mehrheit; die Feier wurde abgesagt. Weil ein Jubiläum ohne Feier der Schweizer Bundesregierung undenkbar schien, beauftragte sie im Jahr darauf einen besonderen Bevollmächtigten mit der Durchführung einer neu konzipierten 700-Jahr-Feier. Für Geschichte war der Nominierte in einer besonderen Hinsicht kompetent: Er war lange Manager jenes Schweizer Tourismuskonzerns gewesen, den wir schon zu Beginn kennengelernt haben – »Wir Ferienverbesserer kennen noch Paradiese.«[12]

Zum Erfolg wurden die Jubiläumsfeiern trotzdem nicht; die Gründe dafür wurden in der Schweiz in den Jahren danach intensiv diskutiert.

Weswegen verweigerten schlichte Stimmbürger ebenso wie prominente Schriftsteller, Filmer und andere Kulturproduzenten lauthals ihre Zustimmung zu einem nationalen Jubiläum? Der Ort hätte doch geschichtsträchtiger nicht gewählt werden können, wurde in einem zehn Jahre später erschienenen Rückblick sinniert, und der aktuelle Anlass »wäre doch stark identitätsstiftend gewesen«.[13]

Was hat Identität eigentlich mit Jubiläen zu tun? Im Juni 2015 wurde in Oberägeri im Kanton Zug ein weiterer Jahrestag eines mittelalterlichen Ereignisses begangen – gewidmet der Erinnerung an die Schlacht von Morgarten. Der Bus, den ich vom Bahnhof Zug hinauf zum Festgelände am See nahm, war voller Englisch sprechender Teenager auf dem Heimweg von der Schule. Es waren die Kinder der Briten, Kanadier und Amerikaner, die in den Bürotürmen in Zug in der Finanzbranche arbeiten und zwanzig Minuten weiter oben auf dem Sonnenhang über dem Ägerisee wohnen. »Wissen Sie«, sagte mir die nette alte Dame neben mir und lächelte ein bisschen verschwörerisch, »das ist eine sehr steuergünstige Gemeinde.« Irgendwo hier zwischen Bergen und See hat sie 1315 stattgefunden, die Schlacht, in der die tapferen Eidgenössischen dem Herzog und seinen hochmütigen Rittern eine vernichtende Niederlage beigebracht haben. Details weiß man nicht, die Schlacht ist erst hundert Jahre später von einem Chronisten beschrieben worden.

Die Feiern zum 700-Jahr-Jubiläum vom Juni 2015 konnten sich deswegen nicht mit Details der historischen Rekonstruktion aufhalten. Rechts ging es zum Mittelaltermarkt, geradeaus zum Armee-Erlebniszelt, und darüber vollführte ein FA 18-Jagdbomber ohrenbetäubend laute Flugkunststücke über dem See. Auf der Festwiese standen

11 Volksfest zum 700. Jahrestag der Schlacht am Morgarten, 21. Juni 2015, Oberägeri

drei große Holzskulpturen, die bärtige mittelalterliche Eidgenossen mit Hellebarden und Steinen zeigten. »Den Helden von Morgarten« stand auf dem großen Blumenkasten (rote Geranien) davor; die Figuren seien an den Meistbietenden zu verkaufen. Drum herum Bier- und Bratwurststände. Dann kam der erste Regen, und wir drängten uns zusammen mit vielen anderen nassen Outdoorjacken in den Shuttlebus, der den See entlang zum Schlachtendenkmal fuhr. Dort wurden Armee-Antiquitäten verkauft, daneben das wiederaufgebaute Haus Niederöst aus dem 12. Jahrhundert, »das älteste erhaltene Holzhaus Europas«, verkündete eine Tafel: Es hatte zum festlichen Anlass ein großes Panoramafenster bekommen. Von ihm aus konnte man auf den Regen schauen und auf den Letziturm aus dem 14. Jahrhundert. Der Festumzug in historischen Kostümen fand am nächsten Tag statt: Durch das Spalier der Zuschauer marschierten unter anderem der österreichische Herzog Leopold und sein Gefolge, behelmte Krieger, eine adelige Dame in Weiß, ein Falkenzüchter und viele mit Hirtenhemden und Hellebarden ausgerüstete Schweizerkrieger; dahinter eine Tourismusdelegation aus dem Kanton Graubünden und eine Abteilung der Schweizer Armee in historischen Uniformen.

In der Jubiläumsbroschüre, die gratis an die Besucher verteilt wurde, hatte ein Mitglied der Schweizer Bundesregierung geschrieben, dass es in Morgarten 2015 um »Besinnung auf die eigene Geschichte« gehe. Ein anderes Regierungsmitglied betonte in seiner Rede am Schlachtendenkmal am See, dass Geschichte lebendig sei. »Das beweisen Sie alle mit diesem großen eindrücklichen Aufmarsch hier.« (Applaus.) Ein Wort dafür hatte er auch. »Wer einem Volk die Geschichte nimmt, der nimmt ihm die Identität. Wer ihm die Identität nimmt, der nimmt ihm die Werte.« Vergesse ein Land seine Geschichte, vergesse es seine Identität. Aber der heutige Tag stimme ihn optimistisch: »Unsere Geschichte und unsere Identität lassen uns nicht gleichgültig.«[14] Neben der Straße waren überall hölzerne Hellebarden aufgestellt, von Schulklassen bunt angemalt. Die meisten standen rund um die Bushaltestellen; wahrscheinlich für den Fall, dass die österreichischen Invasoren das nächste Mal nicht hoch zu Ross kommen würden, sondern mit dem öffentlichen Nahverkehr.

Identität, historisch

Was ist gemeint, wenn bei historischen Gedenktagen von Identität die Rede ist? Mit der Feier von Jubiläen, hat ein Historiker formuliert, wollten Institutionen sich und anderen beweisen, dass sie sich »im

Prozess der Selbstgenerierung« befänden. Das kann man auch direkter ausdrücken. Runde Anlässe, notiert ein 2015 erschienener Essay nüchtern, seien Legitimationsfeiern, die Werbung in eigener Sache machten.[15] Auf einer weiteren Morgarten-Gedenkfeier im November 2015 hob der Schweizer Armeechef in seiner Ansprache hervor, die Schlachtenfeiern seien Ausdruck der Schweizer Eigenständigkeit, Wehrbereitschaft und »Teil unserer Identität«. Den im selben Jahr 2015 stattfindenden Feiern anlässlich des 500. Jahrestags der Schlacht von Marignano, in der die Eidgenossen von einer französisch-venezianischen Armee bei Mailand vernichtend geschlagen wurden, wurde interessanterweise genau dasselbe bescheinigt: Diese bittere Niederlage sei alles andere als historisch unwichtig, im Gegenteil. Sie sei der Ursprung der eidgenössischen Neutralität und deswegen zentraler Bestandteil der Schweizer Identität.

Ein anderes Schweizer Regierungsmitglied hatte auf noch einmal einer anderen Jubiläumsfeier anlässlich des 500. Jahrestags der Gründung der päpstlichen Schweizergarde zehn Jahre früher, am 21. Juni 2005, den denkwürdigen Satz verkündet: »Es gibt keine Identität ohne Geschichte, und es gibt keine Geschichte ohne Identität.« Das stimmt in einem ganz wörtlichen Sinn. Der Satz selbst ist eine Wiederholung, kopiert oder geborgt aus einer Rede, die der deutsche Bundespräsident Johannes Rau drei Jahre früher gehalten hatte. »Identität braucht Geschichte«, hatte er 2002 auf dem Deutschen Historikertag verkündet, »und Geschichte braucht Identität.« Und, ein bisschen dramatisch: »Geschichtsverlust bedeutet Identitätskrise und Identitätsverlust.«

Was ist das für ein Wort? Dafür müssen wir noch einmal zurück ins 19. Jahrhundert. In dem 1854 erstmals erschienenen Roman »Der grüne Heinrich« des Schweizers Gottfried Keller träumt dessen Held Heinrich, dass er auf einem klugen Pferd, das sprechen kann, von einer weiten Reise nach Hause zurückkehrt. Als er seine vertraute Holzbrücke auf dem Weg nach Zürich erreicht, findet er sie prachtvoll und teuer ausgebaut. »Die Wände«, schreibt Keller, waren »mit zahllosen Malereien bedeckt, die die ganze Geschichte und alle Tätigkeiten im Lande darstellten. Das ganze abgeschiedene Volk war sozusagen bis auf den letzten Mann, der soeben verstorben war, an die Wand gemalt und schien mit dem Lebendigen, das auf der Brücke verkehrte, eines zu sein; ja, manche der gemalten Figuren aus der Vergangenheit traten aus den Bildern heraus und wirkten unter den Lebendigen mit, während von diesen manche unter die Gemalten gingen und an die Wand versetzt wurden. Beide Parteien bestanden aus Helden und Weibern, Pfaffen und Laien, Herren und Bauern; der Eingang und Ausgang der Brücke war offen und unbewacht, und nachdem der Zug über dieselbe ständig im Gang blieb und der Austausch zwischen dem gemalten und dem wirklichen Leben unausgesetzt stattfand, schien auf dieser wunderbar belebten Brücke Vergangenheit und Zukunft nur ein Ding zu sein.« »Was ist das?«, fragt sich der schlafende Heinrich im Traum. Und sein gescheites Pferd antwortet ihm sofort: »Das nennt man die Identität der Nation.«[16]

Schon wieder eine Brücke aus der Vergangenheit, die in die Geschichte führt, nur diesmal fiktiv. Keller schildert den Traum seines Helden in indirekter Rede, die sich kunstvoll zwischen Ironie und Utopie hin und her bewegt. Nationale Identität ist bei ihm die Fiktion, dass lebendige Personen sich nach Belieben in gemalte Figuren aus der Vergangenheit verwandeln könnten (wenigstens solche, die sich für Geschichte interessieren) und dass die Bilder solcher Figuren, die vor fünf- oder achthundert Jahren gelebt hätten, in die Gegenwart eintreten könnten. Wenn von Identität die Rede ist, ist damit offensichtlich nicht die schlichte Tatsache gemeint, wer man ist und wo man herkommt. Denn aus geheimnisvollen Gründen ist Identität etwas, das noch nicht ganz oder noch nicht genug da ist; etwas, das immer erst vervollständigt werden muss – ein Versprechen auf zusätzliche Ressourcen.

Nur im 19. Jahrhundert? In Frankfurt am Main wurde 1976 eine neue, linksalternative Zeitschrift gegründet. Sie solle, verkündete der Herausgeber in der ersten Nummer, »der Auseinandersetzung eines Spektrums dienen, das von den Makrobioten bis zu den Revolutionären Zellen reicht«. »Vielleicht«, setzte er fort, könne die Debatte über diese Vielfalt »wieder so etwas wie Identität unter uns herstellen, eine Identität, die in letzter Zeit ziemlich angeknackst war« – Daniel Cohn-Bendit im *Pflasterstrand*.[17]

Identität ist ein Superkleber für soziale Ontologie: Etwas ist Ich und gleichzeitig allen gemeinsam, die ich mir zurechne. Etwas ist immer schon dagewesen, kommt aus der Vergangenheit, ist aber gleichzeitig eine Art Essenz oder Suppenwürze, die in Zukunft noch mehr, noch würziger und noch echter werden wird. Identität ist dementsprechend etwas, das man hat, aber verlieren kann (und endlos suchen). Das gleichzeitig hochpersönlich ist und kollektiv. Das durch Dritte gefährdet ist, aber sich dauernd verändert. Das Wort ist unwiderstehlich, weil es eine ganze Menge andere, ältere Wörter diskret beerbt hat: »Volk«, »Nationalcharakter«, »Wesen« und natürlich auch den Begriff, den Gonzague de Reynold 1932 benutzt hat, um die unvergleichliche Einzigartigkeit des mittelalterlichen Luzern, des Mittelalters und der Schweiz als ganzer auszudrücken: den »Geist«. Wenn das Wort in den letzten 50 Jahren zum Lieblingsbegriff so vieler Kulturwissenschaftler, Marketingspezialisten und Festredner avanciert ist, dann wegen seiner Dehnbarkeit. Identität bildet die Wünsche desjenigen ab, der das Wort benutzt: Im »Grünen Heinrich« sind es die (wenn wir jetzt einmal das Pferd beiseitelassen) des politischen Schriftstellers Gottfried Keller.

Identität kommt tatsächlich aus dem Mittelalter, als lateinisch *identitas*. Zum ersten Mal wurde der Begriff im 12. Jahrhundert gebraucht. Da bedeutete er aber nicht Herkunft und Einzigartigkeit, sondern stand für diejenigen Merkmale, die verschiedenen Elementen einer Gruppe gemeinsam waren. Die theologischen Traktate, in denen das Wort erstmals erschien, behandelten die vertrackten Probleme der Dreifaltigkeit und der Vervielfältigung, der Verhältnisse zwischen Zeichen und Kopien. Abgeleitet ist das Wort von *idem*, der- oder dasselbe, und *identidem*, zum wiederholten Mal – denn gut lateinisch würde »Selbstheit« auch gar nicht *identitas*, sondern *ipseitas* heißen. Identität heißt wörtlich Zugehörigkeit zu Ähnlichem, Wiederholung und Vervielfältigung.

Identität ist deswegen vor allem eines, und zwar in Gottfried Kellers Roman 1854 wie in Frankfurt 1976 und auf dem Deutschen Historikertag 2002: nämlich der Wunsch nach einer Kategorie, die schon in kleiner Dosierung intensive Bedeutungen (also starke Geschichten) erzeugen kann, aber gleichzeitig sehr gut übertragbar ist auf eine möglichst große Anzahl möglicher Beteiligter. Geschichte spielt dabei deswegen eine Rolle, weil jede dieser Zuschreibungen nur mit expliziten und starken Bezügen auf das funktioniert, was den Zuschauern als Code oder Vorbild vertraut oder vermeintlich vertraut ist: Eine Identität, über die nur ich und meine vier besten Kollegen verfügen, ist nicht so richtig attraktiv. Sie muss immer das Angebot auf Anschluss und Anverwandlung enthalten – »eigentlich bist du auch immer schon so gewesen!« –, damit sie verlockend präsentiert werden kann. Deswegen hat es schon seine Logik, dass in den letzten Jahren neue politische Strömungen am äußeren rechten Rand in Deutschland, Österreich und Frankreich unter dem Schlagwort einer europäischen christlichen »Identität« auftreten, die von ihnen, den »Identitären«, wiedergewonnen werden müsse. Sie sind selbst eine Wiederholung, Vervielfältigung, ein Re-launch: Wiedergänger von Gonzague de Reynolds melancholischer Sehnsucht nach einer Vergangenheit, in der alles seine Ordnung hatte.

Identität ist also gar kein Begriff. Sondern ein Trick, ein Klebstoff, ein Arbeitsplatz. Identität ist jene Suppenwürze, von der wir vermuten, dass andere, früher, mehr davon hatten, eine irgendwie echtere Identität als wir selbst, heute. Solche Rezepte funktionieren nicht trotz, sondern weil alle Beteiligten wissen, dass sie fiktiv sind, erfunden – und mitgeteilt von einer Instanz, die ungefähr so real ist wie in Gottfried Kellers »Grünem Heinrich«. Genau das tun die Redner bei historischen Jubiläen: Sie erzählen ihrem Publikum einen vom Pferd.

Die Vergangenheit wiederaufführen

Die Feier zum vorgeblichen 800. Jahrestag der Gründung der Stadt Luzern 1978 begann mit der feierlichen Übergabe jener gewaltig vergrößerten Pergamenturkunde von 1178 durch drei als mittelalterliche

Herolde Kostümierte an den Stadtpräsidenten. Eine solche Urkunde gab es nicht, deswegen musste sie umso spektakulärer inszeniert werden. Über die Schlacht von Morgarten 1315 gibt es praktisch keine durch Quellen belegten Informationen: Umso aufwendiger musste deswegen das Ereignis, über das man nichts weiß, in historischen Umzügen, Festen und Filmen wieder sichtbar gemacht und gefeiert werden. Historische Identität kann gar nichts anderes sein als ein Loch, eine Lücke. Es ist etwas, was einem fehlt; denn sonst müsste man sie nicht immer wieder neu zurückgewinnen, wiederholen und aufführen. Die Wiederholung erzeugt nachträglich das machtvolle historische Ereignis, das man sich gewünscht hat.

Das klingt wie eine der leicht absurden Besonderheiten, auf die kleine Länder am Rand der Alpen mit wechselhafter Geschichte so stolz sind. (Denn selbstverständlich ist niemand so einzigartig österreichisch wie die Österreicher, so besonders slowenisch wie die Slowenen, so unverwechselbar schweizerisch wie die Schweizer.) Aber dahinter steckt eine allgemeingültige Regel, die wir das Jubiläumsprinzip nennen können. Jede dieser Gedenkfeiern will den einzigartigen historischen Moment aus einer verschwundenen Vergangenheit wiederauferstehen lassen. Jede dieser Gedenkfeiern mit ihren Festansprachen, Umzügen und Inszenierungen hat aber mit dem vergangenen Ereignis, an das sie erinnern will, sehr viel weniger zu tun als mit sehr viel näherliegenden anderen Gedenkfeiern und deren Festansprachen, Umzügen und Inszenierungen, die sie übertrumpfen oder übernehmen möchte. Die Veranstaltungen zur Feier der einzigartigen schweizerischen mittelalterlichen Identität in den 1930er und 1940er Jahren ähnelten bis in die Details ihren Gegenstücken anderswo – in Deutschland zum Beispiel, oder in anderen Ländern, etwa Portugal.[18] Historische Gedenktage beziehen sich viel intensiver auf diese unmittelbaren Vorbilder (und Konkurrenzveranstaltungen) als auf irgendetwas, das vor vier, fünf oder sieben Jahrhunderten geschehen ist. Bei den Opern des 19. Jahrhunderts war das aber auch schon so gewesen.

Identität bedeutet deswegen in einem ganz praktischen Sinn Wiederholung. Damit historische Ereignisse – gewöhnlich solche aus dem Mittelalter – als der Inbegriff einer solchen vermeintlich historisch bedingten lokalen Besonderheit bezeichnet werden können, müssen sie regelmäßig wiederaufgeführt werden, in historischen Kostümen und erhaltenen Altstädten. Die unverwechselbare Identität der mittelalterlichen Stadtviertel von Siena zum Beispiel, so die Website der Stadt, finde beim »Palio« ihren Ausdruck, dem zweimal jährlich stattfindenden Pferderennen auf dem Hauptplatz. Die ganze Geschichte Bayerns, so die Pressemitteilung der zuständigen Fremdenverkehrsbehörde, sei in der alle vier Jahre mit Tausenden kostümierten Mitwirkenden wiederaufgeführten »Landshuter Hochzeit« von 1475 enthalten. Für die Wirkung dieser Spektakel ist irrelevant, ob sie tatsächlich aus dem Mittelalter stammen oder nicht: Der »Palio« in Siena hat seine heutige Form und seine echt mittelalterlichen Kostüme 1878 bekommen. Zur Touristenattraktion wurde er in den 1930er Jahren, und 1935 legte Benito Mussolini fest, dass der vorher allgemein gebrauchte Begriff »palio« nur noch für das Pferderennen in Siena verwendet werden dürfe. Die »Landshuter Hochzeit« wurde 1903 zum ersten Mal aufgeführt. Entscheidend für den Erfolg beider Veranstaltungen ist, dass sie sich in regelmäßigen Abständen in der exakt gleichen Form wiederholen.

Erst diese Wiederkehr macht das angeblich Einzigartige zum Wahrzeichen, zum gültigen Ausdruck einer lokalen historischen »Identität« und zur touristischen Attraktion, zum mehr oder weniger beliebig vermarktbaren und reproduzierbaren Fremdenverkehrs-Emblem – der venezianische Karneval ist dafür vielleicht das eindrucksvollste Beispiel.[19] Der Ausdruck der einzigartigen historischen Besonderheit taugt offenbar besonders gut als Ausflugsziel, als Objekt von Ansichtskarten und Schnappschüssen und von farbenprächtigen Plakaten der lokalen und nationalen Tourismusvereine. Das funktioniert auch, wenn das Fest, wie zum Beispiel das in mittelalterlichen Kostümen durchgeführte Turnier »Giostra del Saracino« im toskanischen Arezzo, erst 1931 zum ersten Mal durchgeführt worden ist, aufgrund »wiedergefundener« mittelalterlicher Dokumente. Tradition, hat das ein italienischer Historiker nüchtern auf den Punkt gebracht, funktioniere auch ohne Vergangenheit.[20]

An diesem Punkt treffen sich erhabene nationale Ursprungsnarrative und touristische Unterhaltungsangebote. Die Differenzen zwischen heroischer Besinnung und kommerziellem Vergnügen sind nicht sehr groß und schon gar nicht unüberbrückbar, wie meine wenigen, eher zufällig herausgegriffenen Beispiele gezeigt haben. Jede Inszenierung »historischer Identität« muss am Beginn des 21. Jahrhunderts im Namen der eigenen Einzigartigkeit auf Material zurückgreifen, das dem Publikum aus dem großen Repertoire der Populärkultur bereits bekannt ist. Beim schweizerischen Jubiläum der Schlacht von Morgarten 2015 tauchten pünktlich drei Tage vor dem großen historischen Festakt neue archäologische Fundstücke auf, die von den Medien als »Sensation« und endgültiger Beweis für den großen eidgenössischen Sieg vor 700 Jahren präsentiert wurden. Sehr ähnliche Funde von angeblichen Waffen und Ausrüstungsgegenständen hatten bereits exakt hundert Jahre vorher, im Juni 1915, die Schweizer Öffentlichkeit bewegt und Wellen von patriotischer Erregung hervorgerufen. Endlich materielle Beweise aus der Vergangenheit – die sich dann aber erneut als wenig haltbar herausstellten.[21]

Wurzeln in der Endlosschleife

Im selben Jahr 2015 war im Nationalmuseum Zürich die Ausstellung »Marignano 1515« zu sehen: In der großen abgedunkelten Halle wachte ein lebensgroßer nachgebildeter Schweizerkrieger über die ausgestellten Waffen, Fahnen, Urkunden und Goldmünzen. Er trug schlichte Lederschuhe, Beinlinge und ein Wams mit Kapuze aus grobem grauem Wollstoff, eine Hellebarde in der Hand. Auf seinem rotgrauen Wams war ein weißes Kreuz zu sehen; es war aus alten Schweizer Armeedecken des 20. Jahrhunderts zusammengenäht. Als ich die Ausstellung besuchte, fragte ein Kind gerade laut in der stillen Halle: »Papa, sind das Piraten?«

Stimmt ziemlich genau: Wie die Helden aus dem Film »Pirates of the Caribbean«, der am Beginn des 21. Jahrhunderts Bilder einer Vergangenheit mit sagenhaften Goldschätzen und Beutezügen prägte, sind auch die heldenhaften Schweizerkrieger Fiktion. Und wie ihre Kollegen aus Hollywood sind sie Untote: Sie können nicht sterben, weil es sie nie gegeben hat. In den mittelalterlichen Schweizerkriegern spuken Versatzstücke aus der geistigen Landesverteidigung der 1940er Jahre und des Kalten Kriegs ebenso wie Beschwörungen heldenhafter, aber eigenartig unbestimmter »Väter« aus den Jahren nach dem

Ersten Weltkrieg. Den Vater dieser Väter haben wir am Beginn dieses Kapitels kennengelernt. »Denn ich glaube mehr an die Vergangenheit als an die Zukunft«, hatte Gonzague de Reynold 1932 geschrieben und die Toten als »Wahrheit«, »Gesetz« und »Pflicht« angerufen. »Die Toten sind keine Gespenster, Larven, Vampire, sondern Lebende.« Und: »Freiwillig steige ich zu ihnen hinab und rufe sie an. Werdet ihr mir antworten, wenn ich sie frage?«[22]

Dieser Sound von früher hat seine eigene Anziehungskraft: Die Ansprachen, die auf den Feiern zum 500. Jahrestag der Schlacht von Marignano 2015 gehalten wurden, glichen erstaunlich den Reden, die 50 Jahre früher, 1965, zum 450. Jahrestag derselben Schlacht zu hören gewesen waren. Zeitungsartikel und ein populäres Sachbuch feierten die heroische Niederlage der Schweizer Eidgenossenschaft und die Geburtsstunde ihrer modernen Identität als neutraler Kleinstaat mit Versatzstücken aus Texten, die 1915 und 1941 erschienen waren.[23] Die Illustrationen dazu stammten aus dem 19. Jahrhundert – unter anderem von Albert Robida. Geschichte erschien in einem modernen Kleinstaat in der Mitte Europas im Jahr 2015 als Endschlosschleife, als Verschluss vor der Gegenwart und als Schutzschirm oder Sichtblende, um Gleichzeitigkeiten und Paradoxa nicht wahrnehmen zu müssen.

Damit wären wir wieder bei der Unterscheidung zwischen Vergangenheit und Geschichte, die uns im ersten Kapitel beschäftigt hat. Vergangenheit ist nur lückenhaft verfügbar und auf immer verstummt und unzugänglich. Geschichte dagegen, die Nacherzählung dieser Vergangenheit, kann nach Bedarf jederzeit vervollständigt werden. Was im Namen der Identität aufgerufen wird, ist trotz anderslautender Bekundungen deswegen nicht der Stolz auf die eigene Herkunft, sondern die Angst vor Verlust: vor dem Verschwinden einer Geschichte, die es nicht gegeben hat und die deswegen durch ständige Wiederholung immer wieder neu hergestellt werden muss. Es ist die Angst davor, dass diese Repetition aufhört.

Die zeitgenössischen Wünsche an ein solches besonderes historisches Ereignis hat am deutlichsten ein Politiker aus dem schweizerischen Wallis formuliert. »Wenn ich damals gelebt hätte«, sagte der Walliser Präfekt Herbert Volken 2015 in einem Interview über die Schlacht von Marignano und den Walliser Kardinal Matthäus Schiner, der die Schweizer 1515 in ihre glorreiche Niederlage geführt hatte, »dann hätte er mich mitgenommen. Er hat ja nur die besten Walliser mitgenommen.«[24] Damit beschreibt der freundliche Mann seine Wahrnehmung der Geschichte sehr genau: Sie ist ein Rückreisetraum, die Phantasie der eigenen Auserwähltheit inklusive. In ihr wird man nachträglich zum Zwillingsbruder derjenigen, die vor fünf oder sieben Jahrhunderten in die Schlacht gezogen sind. Man könnte das auch den eigensüchtigen Appetit der Nachwelt nennen: Sie hält es schlecht aus, in der Vergangenheit nicht gemeint gewesen zu sein.

Deshalb Identität: Die vermeintliche Reinheit und Unmittelbarkeit von früher wird mit einem selbst nachgerüstet. Es kann doch nicht sein, dass diese wunderbaren heroischen Taten von uns nichts wussten und sich ohne uns abgespielt haben. Mit päpstlicher Erlaubnis hat derselbe Walliser Politiker 2015 Grabungen in der römischen Kirche Santa Maria dell'Anima durchgeführt, wo Kardinal Schiner bestattet liegt. Er soll in sein Heimatdorf Ernen im Wallis zurückgeführt werden; eine neu errichtete Statue erinnert dort bereits an ihn. Die Toten aufwecken und mit ihnen sprechen: Den Humanisten des 15. Jahrhunderts wäre das ganz vertraut vorgekommen. Heute ist es Fremdenverkehrswerbung.

Die Erzählungen von den mittelalterlichen Ursprüngen der eigenen Identität sind deswegen so überzeugend, weil sie und die mit ihnen fest verknüpften Bilder eben nicht aus dem fernen 16. oder 14. Jahrhundert stammen, sondern aus den 1960er, 1930er und 1890er Jahren. Sie sind dem Publikum seit langem vertraut, und diese Redundanz verstärkt nur ihre Wirkung. Die Vergangenheit erscheint umso authentischer, je häufiger sie reinszeniert wird. Historische Identität heißt dabei immer Auswahl: Selektion einiger weniger Bilder, die dadurch funktionieren, dass sie im Wesentlichen an sich selbst erinnern.

Die wörtliche Bedeutung des Begriffs, abgeleitet von *identidem*, zum wiederholten Mal, trifft es also sehr genau. Das dir bereits Vertraute, so die Botschaft, ist deine Freiheit; das, was du kennst, ist das große Ganze. Das, was du dir nicht ausgesucht hast und wofür du selbst auch nichts kannst, deine eigene Herkunft nämlich, ist das Allerbeste, was du erreichen kannst. Deine Heimat – dort, wo du selber jetzt bist – ist nicht nur Herkunft, sondern auch *telos*, Bestimmung und Vollendung.

Das ist auch das logische Ergebnis, wenn man Heimat als Herkunft definiert und in der Geschichte besonders konzentriert verortet, wie es die romantische patriotische Geschichtsschreibung des 19. und 20. Jahrhunderts getan hat. Dass man über das historische Ereignis, auf das man sich dafür so leidenschaftlich bezieht, nichts oder nur sehr wenig weiß, stellt dafür kein Hindernis dar – im Gegenteil. Das ist nicht nur bei den mythischen mittelalterlichen Helden und Siegen der Schweizer so, von denen dieses Kapitel vor allem gehandelt hat, sondern der Regelfall solcher Inszenierungen. In Portugal wird deshalb seit dem 19. Jahrhundert der erste Sieg der Portugiesen über die Mauren in der Schlacht von Ourique 1139 gefeiert, als Ursprung der erfolgreichen Reconquista. Ungeklärt ist dabei nicht nur, was dort passiert ist, sondern wo dieser mythische Sieg stattgefunden hat: Im 20. Jahrhundert behaupteten nicht weniger als fünf portugiesische Orte, teilweise Hunderte von Kilometern voneinander entfernt, der authentische Ort des Geschehens zu sein. Die Errichtung eines Schlachtendenkmals an einem dieser Orte im Jahr 1932 war dabei kein Hindernis, die offizielle Feier des 800-Jahr-Jubiläums der Schlacht sieben Jahre später an einem anderen abzuhalten.[25]

Ebenso dürftig sind die gesicherten Informationen über die Lebensgeschichte, die militärischen Siege zwischen 1295 und 1297 und die Hinrichtung des schottischen Nationalhelden William Wallace im Jahr 1305. Seiner Vereinnahmung durch einen erfolgreichen Historienfilm von 1995 (»Braveheart« von Mel Gibson, gebürtiger Australier) und durch die Scottish National Party am Beginn des 21. Jahrhunderts hat das keinen Abbruch getan. Die Ziele und Wünsche seiner Partei bei der Verteidigung der schottischen Heimat, sagte der Vizepräsident der Partei einem Journalisten im März 2016, seien »exakt dieselben« wie die ihres Helden im 13. Jahrhundert.[26]

Wunderbar vertraute Wahrzeichen

Mosteira da Batalha, Portugal: Die Fassade der gotischen Abtei leuchtet im Nachmittagslicht, auf dem großen Parkplatz davor eine

Schlange von Reisebussen; zur Autobahn ist es nur eine Viertelstunde. Ein riesiger spätgotischer Kreuzgang; in einem der Seitenschiffe sind die Könige von Portugal begraben. Ihrem Sieg in der Schlacht von Aljubarota 1385 ist die Abtei gewidmet: João I. hatte der Jungfrau Maria versprochen, ihr ein Kloster zu errichten, wenn er gegen das übermächtige spanische Heer gewinnen werde. Das gelang ihm: Deswegen liegt er mit seiner englischen Gattin in der Capela do Fundador in einer großen eleganten Steinkiste von 1433. Es ist kein Zufall, dass sie wie eine Kopie der vielen mittelalterlichen Kopien des Heiligen Grabs in Jerusalem aussieht.

Batalha, portugiesisch: »die Schlacht«, ist eine politische Gedächtnismaschine aus dem 15. Jahrhundert: Gründungsmonument für eine portugiesisch-englische Dynastie, die zwei Bürgerkriege später leider wieder ausgestorben war. Errichtet ist die Abtei nach den Vorbildern der arabischen Palastarchitektur mit ihren abstrakten verschlungenen Ornamenten; die in die kunstvollen Steinmetzarbeiten eingebauten Kreuze und Jesuskinder fallen gar nicht auf. Dem portugiesischen Orientalismus ging es nicht um die Verbindung zu etwas vermeintlich anderem: Das elegante Maurische, das waren sie selbst.

Seit dem 19. Jahrhundert war die Abtei von Batalha für alle nationalen Geschichtsinszenierungen des christlichen Portugal unverzichtbar. Von 1932 an hat sie im faschistischen »Estado Novo« des Diktators Antonio de Oliveira Salazar (Gonzague de Reynold hat ihn sehr bewundert) eine zentrale Rolle gespielt; heute erinnert eine kleine Ausstellung in der Abtei daran.[27] In der Kapelle nebenan hat die portugiesische Armee weiterhin ihre offizielle Weihestätte, von Gardesoldaten bewacht. »Schau, so ist es eben«, sagt mein portugiesischer

Historikerkollege. »Unsere Geschichte ist eine Art Familienkühlschrank, in dem immer von allem für alle genug da sein muss.«

Zwischen der Abtei und dem großen Parkplatz aber steht das Wahrzeichen von Batalha: Man sieht es überall vervielfältigt, das Logo des ganzen Ortes, verkleinerte Reproduktionen werden in den Andenkenläden als Anstecker und auf T-Shirts verkauft. Es ist die riesige Bronzestatue von Nuno Álvares Pereira, dem Heerführer des Königs, der für ihn die Schlacht 1385 gewonnen hatte und dann Mönch wurde. Er reckt ein langes Schwert in die Luft: Ein gutaussehender Mann im kreuzgeschmückten Waffenrock, mit langen Locken, die ihm hinten in den Nacken reichen, und neckischen kurzen Stirnfransen. So dekorativ konnte der portugiesische Faschismus 1965 sein: Der bronzene Kriegerheilige ist ein Zeitgenosse der frühen Beatles, und genauso schaut er auch aus, locker; fast scheint er zu lächeln. Eine neue Tafel vor dem Denkmal verkündet, dass er 2009 heiliggesprochen wurde. »Irgendwann werden die das mit John Lennon auch machen«, sagt der portugiesische Kollege. Und damit man auch hinfindet nach Batalha, ist das verkleinerte Bild der Statue von Nuno Álvares Pereira auf allen Hinweisschildern angebracht, bis auf die Autobahn.

Denn von der Wirkung des Originalschauplatzes alleine wird niemand ergriffen; er braucht ein eindeutiges Emblem. Dieses Wahrzeichen zieht viele auf größere Räume verteilte Bilder und die dazugehörigen Erzählungen – eine unscharfe, diffuse und deswegen unsichtbare Vergangenheit – auf einem Bild an einem Ort zusammen. Seine Ränder und Versionen verschwinden: Es wird verdichtet, homogen und bedeutungsstabil, leicht wiedererkennbar und leicht zu vervielfältigen. Ein Wahrzeichen hat sich dann endgültig in ein Emblem seiner selbst verwandelt, wenn es die Spuren des eigenen Gemacht-Seins erfolgreich zum Verschwinden gebracht hat. Es ist dann immer schon dagewesen. Deswegen sind sie buchstäblich retroaktiv, vergangenheitsverändernd, die Logos, die Hellebarden von Morgarten ebenso wie die Reiterstatue des Kriegerheiligen von 1965. Ein Wahrzeichen ist aber nur dann brauchbar, wenn es verkleinert werden kann und dennoch erkennbar bleibt. Beim Luzerner Löwen, beim Wasserturm und bei Nuno Álvares Pereira geht das ziemlich gut, wie wir gesehen haben. Was könnte ein deutsches Gegenstück sein für das »Wir selber, damals«-Prinzip; für die mittelalterlichen Wurzeln der eigenen Identität?

Ursprungsgeschichten müssen auf uns selbst zuführen, sonst sind sie unwirksam. Jubiläengeschichte kann deswegen vermutlich gar nichts anderes sein als Heilsgeschichte: Wer Erlösung in der Vergangenheit sucht, der findet sie auch. Das ist nicht nur bei den tapferen Wallisern aus dem Jahr 1515 so, sondern auch beim großen Nachbarn der kleinen Alpenrepublik. Antrag der CDU- und SPD-Fraktionen im Deutschen Bundestag am 26. Juni 2008, erster Satz: Der 500. Jahrestag des Thesenanschlags Luthers an der Schlosskirche zu Wittenberg sei »für die Bundesrepublik in religiöser, kulturgeschichtlicher und letztlich auch touristischer Sicht von herausragender Bedeutung«. Erst durch ihn, so der Text, »konnten sich die Aufklärung, die Herausbildung der Menschenrechte und die Demokratie entwickeln«.[28]

So einfach ist es also: Wir selber, schon damals. Luther ist aber nicht nur der Anfang der Aufklärung, der Menschenrechte und der Demokratie, wenn wir dem Deutschen Bundestag glauben möchten. Son-

12 Martin Luther, Playmobil-Figur, 2016

dern auch der historischen Jubiläumsfeiern – bereits 1583 war sein 100. Geburtstag feierlich begangen worden, 1617 der 100. Jahrestag seines Thesenanschlags, 1630 der des Augsburger Bekenntnisses, 1646 sein 100. Todestag – und so fort, eine ununterbrochene Kette von runden Erinnerungstagen, die ganz unterschiedlichen staatlichen und kirchlichen Institutionen die Möglichkeit gaben, mit dem großen Mann vor allem an sich selber zu erinnern.[29] Im 21. Jahrhundert hat die passende Figur dazu der Spielzeughersteller Geobra Brandstätter in Zusammenarbeit mit der Nürnberger Tourismuszentrale 2015 auf den Markt gebracht. Anlässlich des Jubiläums gibt es Martin Luther jetzt als Playmobil-Figur – 7,5 Zentimeter groß, Buch und Schreibfeder in der Hand, hergestellt aus farbigem Acrylnitril-Butadien-Styrol. Die Figur ist die erfolgreichste in der Geschichte der Firma; bis Juli 2017 wurde sie über eine Million Mal verkauft.[30]

Wenn man darüber nachdenkt, welches Medium im 21. Jahrhundert die Nachfolge der patriotischen Festspiele des 19. Jahrhunderts und der historischen Umzüge der 1930er Jahre bei der Vermittlung von

Geschichte angetreten hat, ist man mit den Produkten von Geobra Brandstätter gut bedient. Direktes Vorbild für die Lutherfigur war das Wittenberger Denkmal für den Reformator von 1821; aber zusammengesetzt ist die Figur aus anderen Teilen des Playmobil-Sortiments: Luthers Talar ist der Umhang der Graf-Dracula-Figur, sein Barett identisch mit der Mütze des Playmobil-Polizisten.[31] Als die Bodenseestadt Konstanz im Sommer 2014 das 600-Jahr-Jubiläum des Konzils mit einer großen Landesausstellung und einem Konzilsfest (Motto: »Lebendiges Mittelalter«) feierte, wurden den Besuchern im Archäologischen Landesmuseum die wichtigsten Ereignisse vor 600 Jahren – Kaiser, Papstwahl, Johannes Hus auf dem Scheiterhaufen – in Form einer großen Playmobil-Ausstellung präsentiert. Im Essener Domschatzmuseum wurde im Herbst 2016 die Ausstellung der mittelalterlichen Kirchenschätze mit über hundert Playmobil-Figuren ergänzt, inklusive Martin Luther, dem man in der Wartburg bei der Arbeit zusehen konnte.[32] Im Wallis konnte man Ostern 2017 im Diözesanmuseum Sion die Passionsgeschichte auf dieselbe Weise besichtigen. Verhaftung, Verurteilung und Kreuzigung des Erlösers waren in einer befestigten Stadt mit Fachwerkhäusern und Legionären, Rittern, Kaufleuten, Soldaten und Piraten nachgestellt, 750 Figuren in buntem Plastik, 7,5 Zentimeter groß.

Ist das eine ironische Antwort auf die alten pathetischen Geschichtserzählungen, oder ist Playmobil einfach der direkte Nachfolger der Krippen und der Zinnfiguren, mit denen man im 19. Jahrhundert die großen heroischen Schlachten dargestellt hat? Das Ereignis aus der Vergangenheit dreidimensional und in Farbe, zum Anfassen. Was im Wallis im Jahr 2017 zu Ostern zu sehen war, ist jedenfalls das genaue Äquivalent zu den piemontesischen Sacrimonti des 16. und

17. Jahrhunderts in Domodossola und Varallo auf der anderen Seite der Berge – nur eben deutlich verkleinert. Und damit wären wir wieder bei unserer Unterscheidung zwischen der undarstellbaren, verschwundenen Vergangenheit und ihrer anschaulichen, vertrauten Nacherzählung als Geschichte. Playmobil ist im 21. Jahrhundert ein hervorragendes Medium für die Vermittlung von Geschichte, weil es jede Art von Fremdheit konsequent entfernt – und Vergangenheit ist nun einmal fremd. Playmobil ist eine Universalsprache der mimetischen Abbildung: Sie ermöglicht gleichzeitig Verkleinerung, Vervielfältigung und Aneignung.

Die Vergangenheit ist jene unerreichbare Zeitzone, die abgeschlossen ist; das heißt, sie ist allen nachträglichen Veränderungen entzogen. So gesehen ist die Vergangenheit eine geräumige Deponie von beendeten Experimenten; von kaputtgegangenen Maschinen, die nie mehr funktionieren werden. Genau diese *gone-ness* verspricht das Jubiläum phantasmatisch zu reparieren. In der Wirklichkeit wird natürlich gar nichts wieder so, wie es einmal war, und das ist gut so. Aber die Vergangenheit ist die einzige Zone, in der wir uns halbwegs ausgekannt haben, und deswegen wollen so viele Leute wieder dorthin zurück. Das wird ihnen von traurigen alten Männern hinter Mikrophonen auch versprochen: dass alles wieder so werde wie vorher.

Ich persönlich hoffe, dass 2025 das hundertjährige Jubiläum der Dinosaurier gefeiert werden wird. Die kommen nämlich alle aus dem Jahr 1925: Da waren sie zum ersten Mal im Kino zu sehen.[33] Aber wo ist das Paradies geblieben, das man in den Sacri Monti noch besuchen konnte?

5 In die eigenen Erinnerungen fahren

»The first thing we see as we travel round the world is our own filth.« (Der Ich-Erzähler in Tom McCarthys »Satin Island« zitiert Claude Levi-Strauss »Traurige Tropen«)

»Dort ist das Paradies«, hatte die Freundin gesagt. Sie sei schon drei-, nein: viermal dagewesen. Ein Haus mit einer guten Bibliothek in einem Palmengarten am Indischen Ozean, und nachts höre man nichts anderes als die Frösche und das Meer. Es sei ein bisschen kompliziert, da hinzukommen, aber wenn man erst einmal da sei, einfach wundervoll. Man könne eine Ayurvedakur machen, und einen Pool gebe es auch. Der Garten sei voller Orchideen und tropischer Vögel und das Essen großartig. Man sitze an einer langen Tafel mit all den anderen Gästen zusammen, und das seien immer interessante Leute, »Kultur, Literatur, Kunst, so was. Sehr lustig. Du musst dir auch einmal etwas gönnen«, setzte sie dazu. »Das ist genau das Richtige für dich.« In Zürich fiel kalter Schneeregen, und ich wollte ganz woanders sein.

Indischer Ozean, Richtung Paradies

»Ich war in der Hölle«, schrieb Anton Tschechow über seine große Reise nach Fernost 1890, »und im Paradies, das heißt auf der Insel Ceylon.« »Uralt heiliges Land«, dichtete Hermann Hesse, als er 1911 dort ankam, sein Herz schlage »wie vor Liebe im seligen Reiserausch«.[1]

Was geschieht, nachdem man im Paradies gelandet ist? Auf der Fahrt vom Flughafen staune ich über die Frauen am Straßenrand, aufrecht und würdig in bunten Saris, und jede hält einen Sonnenschirm über sich. Ich habe Zeit zum Staunen, denn wir stehen im Stau. Die paradiesische Insel riecht nach Rauch, Abgasen und etwas schwer beschreibbarem Bitteren, und sie besteht erst einmal aus Autos im Schritttempo. Neben ihnen erscheint eine lange Reihe von Pfadfindern auf Fahrrädern, in roten Uniformhemden mit Halstüchern und blauen Hüten. Sie sind 14, vielleicht 16: Sie haben dunkle, ernsthafte Gesichter, sie treten in die Pedale, ganz Konzentration auf den richtigen Abstand zum Vordermann, und drum herum Gehupe, Dröhnen, rennende Fußgänger, Tuktuks, Busse und Lastwagen in tollkühnen Überholmanövern im Linksverkehr. Paradies ist, denke ich mir, wenn man sich nicht auskennt.

Dann verbrenne ich meinen weißen Winterbauch, weil ich am Pool zu lange in der Sonne gelesen habe. Bei der Ayurvedakur werde ich mit warmem Öl übergossen und vierhändig massiert. Ich frühstücke an einem langen Gartentisch, und es gibt gefüllte Pfannkuchen mit Chilis und Zwiebeln, würzige grüne Suppe und Papayas, Mangos und Bananen. Die strenge Frau Doktor im Sari fühlt meinen Puls, lässt sich meine Zunge zeigen und gibt mir strikte fürsorgliche Anweisungen. Ich trinke heißes Wasser und drei verschiedene Sorten Kräutertees und fühle mich nach drei Tagen so rein und gesund, wie ich mir noch überhaupt nie vorgekommen bin. Im Garten gibt es weiße Liegestühle unter den Palmen, zum Lesen, weit auseinander, und dahinter rauscht das Meer.

Auf mittelalterlichen Weltkarten war das Paradies leicht zu finden: Es lag ganz oben. Es gebe dort keinen Hagel und niemals Schnee, schrieb der Bischof Avitus von Vienne im 6. Jahrhundert: Es läge weit im Osten, wo die Zimtbäume wüchsen, nahe an Indien. Das Klima sei so ausgeglichen, dass niemand dort je krank würde, ergänzten seine gelehrten Theologenkollegen im 12. Jahrhundert, und Michael Scotus fügte noch ein Jahrhundert später hinzu, dass es nahe am Äquator liege; Tag und Nacht seien dort immer gleich lang.[2]

Der Franziskanerpater Johannes von Marignola wollte es dann wirklich genau wissen. In den 1340er Jahren war er als päpstlicher Gesandter von Florenz an den Hof des Großkhans in Peking gereist und dann sechs Jahre durch Südostasien, um seine Neugier nach den *mirabilia mundi*, den Wundern der Welt, zu stillen. Wo das Paradies lag, konnte er seinem späteren Arbeitgeber, Kaiser Karl IV., genau beschreiben. Die Südwestküste Sri Lankas sei das Vorzimmer, *ex opposito paradisi* gelegen, praktisch gegenüber. Die Bäume dort mit ihren unglaublichen Früchten, die man jeden Monat ernten könne, kämen alle aus Adams Garten; die Bewohner der Insel stammten direkt von seinen Söhnen ab, und auf dem höchsten Berg der Insel habe sein Haus gestanden – ein Fußabdruck Adams sei dort noch zu sehen. Die ersten Kleider Adams und Evas im Paradies, verbesserte der weitgereiste Franziskaner schließlich die Bibel, hätten nicht aus Tierfell bestanden, wie es dort stehe, sondern aus Bananenblättern; denn die Bewohner der Insel trügen sie noch heute.[3]

Das Gästehaus auf Sri Lanka, lerne ich, ist das Zentrum vieler Projekte, die mit Kultur, Gegenwartskunst und Bildung zu tun haben, und die meisten der Gäste, die sich dreimal am Tag zum Essen an dem langen Tisch mit Blick auf den Garten treffen, sind Kulturarbeiter in Galerien, Architekturbüros, Medien, Literatur. Sie sind Freundinnen und Freunde von Freundinnen von Freunden und kennen – so wie ich – jemanden, der schon einmal hier war. Man kann über gemeinsame Bekannte reden, über den Wiener Naschmarkt und die Frankfurter Buchmesse, und das gehört zum Paradies, dass es einem vertraut vorkommt, oder?

Nach dem ersten Aufenthalt im Paradies waren die Rückenschmerzen weg, die mich vorher geplagt hatten, und sie kamen auch nicht wieder. Aber ich kam wieder, weil es so schön gewesen war. Der perfekte Ort, noch einmal drei Wochen, und noch einmal, und noch einmal. Denn das ist auch das Paradies: Dass man es sich wieder holen kann. »Fährst du wieder in die Werkstatt der Körper?«, fragt eine andere Freundin. Das Paradies, das ist der reparierte Körper. Denn deswegen kommen sie auch, die Gäste in der Kulturarbeiterwiederaufbereitungsanlage am Indischen Ozean. Sie fahren in den Urlaub, um etwas loszuwerden. Die Galeristin will abnehmen. Die Frauen wollen alle abnehmen, und ihre Männer auch, und die Frau Doktor im Sari verschreibt ihnen besondere Tees und empfiehlt, viel Gemüse, aber nur wenig Reis zu essen. Der Personalentwickler und der Schriftsteller erzählen sich gegenseitig von Wiener Restaurants und nehmen viel Zucker in den Kaffee. Wir sitzen nach dem Mittagessen noch an dem langen Tisch, man hat nicht so viel zu tun im Paradies, trotz der Ayurvedakur und der strengen Frau Doktor. Der Innenarchitekt erzählt von den erstaunlichen Wünschen der reichen Russen, deren Wiener Wohnungen er einrichtet. Die Schriftstellerin erzählt von ihrer grauslichen Schulzeit in einem Kärntner Internat. Der Schriftsteller erzählt von seiner im Waldviertel, war auch nicht lustig.

Auf der Insel Ceylon, hatte der Dominikanermönch Jordanus Catalanus 1329 in seinen »Mirabilia Descripta« geschrieben, gebe es nicht nur die größten Edelsteine und Perlen der Welt, sondern Vögel in so vielen Farben, dass man sie nicht beschreiben könne, wie Kreaturen aus dem Paradies.[4] Im Garten des Gästehauses gab es Kolibris, weiße Reiher und manchmal einen blauen Eisvogel. Die Vögel, sichtbare und unsichtbare, sangen und zwitscherten nicht nur, sondern machten erstaunliche Geräusche, die wie Knurren klangen, wie mechanische Sprungfedern und pfeifend abschmierende Feuerwerkskörper. Manchmal kamen Affen zu Besuch, in kleinen Trupps, die über die Bäume auf die Dächer sprangen: scheue Tiere mit spitzen Zähnen, die sie bleckten, wenn man zu nahe kam, schwarzweißen Gesichtern und langen Schwänzen.

Überall auf der Insel, berichtete der gelehrte Marokkaner Ibn Battuta 1355, wachse Zimt und Sandelholz. Es gebe wilde und zahme Elefanten, und die Frauen trügen Ketten von farbigen Edelsteinen an ihren Händen und Fußknöcheln. Die Einwohner würden Adam »Baba« und Eva »Mama« nennen, Vater und Mutter, und Adams Fußabdruck sei auf dem Gipfel eines hohen Berges zu sehen, etwas erhöht auf einem flachen Stein. Ringsherum seien Löcher in den Fels gemeißelt, in welche die Pilger der Ungläubigen Gold, Perlen und Edelsteine legten; deswegen würden die Ärmeren von ihnen das letzte Stück hinaufrennen, um sich daraus zu bedienen. Im Wald darunter wachse ein besonderer Baum, dessen Blätter nie herabfielen. Die Inselbewohner glaubten, dass derjenige, der ein Blatt von diesem Baum esse, seine Jugend wiedererlebe, und sei er auch schon sehr alt. Ibn Battuta selbst war da skeptisch. Die Bewohner der Insel, schrieb er, hätten »ganz falsche Vorstellungen, die ihren Verstand verwirren«.[5]

Auf der schönen Insel ist fast 30 Jahre lang Bürgerkrieg gewesen: Rund um das Gästehaus am Meer sieht man nichts davon. Das Radio, das in der Küche läuft, hört sich mit Jingles, Werbedurchsagen und atemlosen Sprechern so an wie jedes in Europa, nur mit indischer und arabischer Popmusik. Ein Tuktuk ist von seinem Besitzer mit dem Porträt Che Guevaras und dem Slogan »Freedom of Creative Mind« bemalt, darunter das Yin-Yang-Zeichen. Wo ein neues Haus gebaut wird, wird ganz oben auf dem Gerüst eine aus Holz und Stofffetzen gebastelte menschengroße Puppe angebracht. Sie solle die neidischen Blicke der Vorübergehenden von dem Haus ablenken und auf sich nehmen, erklärt mir der Fahrer: Nachdem die neuen Besitzer eingezogen seien, werde sie verbrannt.

Nach all dem, was er gelesen habe, notierte Cristoforo Colombo im Bericht seiner dritten Reise 1498, hätten weder Griechen noch Römer den genauen Ort gefunden, wo das irdische Paradies liege. Einige verlegten es nach Äthiopien, andere an die Quellen des Nils, aber alle Kirchenväter und christlichen Theologen stimmten überein, dass es im Osten liege. Colombo war überzeugt, es gefunden zu haben: das milde Klima ebenso wie die Quelle, aus der die vier Hauptflüsse der Welt entsprängen. Der Ort fand sich an der Mündung eines gewaltigen Stroms, der Süßwasser bis weit hinaus ins Meer schob, das plötzlich wunderbar ruhig wurde. Die Erde, schrieb Colombo, sei nämlich nicht völlig kugelförmig. Sie gleiche eher einer Birne. An ihrer höchsten Stelle, wo sie am nächsten an das Himmelsgewölbe heranreiche, liege das Paradies, für Menschen unerreichbar, »wie ein runder Ball, der an dieser Stelle eine Emporwölbung trägt, ähnlich der Brustwarze einer Frau«.[6]

Unendlichkeit als Ort: Strände und heilige Berge

Es ist ein bisschen ernüchternd zu lesen, wie das Paradies im Lauf des 15. Jahrhunderts in europäischen Reisebeschreibungen schrumpfte und immer weniger wurde, je mehr ihre Autoren über die Insel Sri Lanka, die Malediven und die Südwestküste Indiens erfuhren. Der Italiener Ludovico da Varthema lobte in seinen erstmals 1510 veröffentlichten »Reisen in den Orient« die Vorzüge der Kokospalme – »des besten Baums, den man auf Erden findet«, er liefere Rohmaterial für Textilien, Taue, Nüsse, Wein, Wasser, Öl und Zucker – und die günstigen Preise für Edelsteine. Er beschrieb den Berg mit Adams Fußabdruck, den Zimtanbau, die Früchte (»die besten auf Erden«) und das Klima. Das ganze Jahr über gebe es dort Blumen von jeder Art, und die Leute lebten länger als in Europa. Die Inselbewohner kleideten sich nach der Art der Apostel, trügen nichts an den Füßen und kennten keine Kanonen und Feuerwaffen – »und es sind Feiglinge«.[7] Die Schlussfolgerung war naheliegend. Warum nicht hinfahren und sich all die verlockenden Güter selber holen?

Dafür war der Text, ursprünglich der geheime Bericht eines als Araber verkleideten Wirtschaftsspions im Dienst des Königs von Portugal, auch geschrieben worden; einer von vielen, die ab 1499 kursierten. 1506 landeten die ersten schwer bewaffneten portugiesischen Schiffe auf der Insel. In den Beschreibungen Ceylons, die der jüdische Übersetzer Francisco de Albuquerque und der Navigator und Kaufmann Duarte Barbosa wenige Jahre später, 1518, für den portugiesischen Hof angefertigt haben, lag das Gewicht endgültig auf den vermarktbaren Waren – Rubine, Perlen, Zimt und wie man wilde

Elefanten zähmt und verkauft. Auf Adams Berg stieg Barbosa aus Neugier, weil er mehr über die religiösen Bräuche der Einheimischen erfahren wollte. Alle Hinweise auf das Paradies waren verschwunden.[8]

Im Frühjahr 2017 wurde eine Umfrage durchgeführt, was Schweizerinnen und Schweizer besonders intensiv mit Heimat verbinden. Die Familie, sagten 70 Prozent. Die Berge: 60 Prozent. Fast jede und jeder Fünfte, 18 Prozent, meinte dagegen: den Meeresstrand.[9] Der Strand, das ist der Sehnsuchtsort, das Ziel am Urlaubsziel: Diese Aufregung, wenn man dann endlich dort angekommen ist, man kann die Hosen gar nicht schnell genug ausziehen und sich ins Wasser werfen, ist das eigentlich nur bei mir so? Und dann Bilder davon machen. Geschätzte drei Viertel aller Bildschirmhintergründe in den Büros meiner Universität zeigen einen Strand. (Menschenleer, wie in den Reisebüroprospekten.) Die europäische Expansion, das ist eine Strandgeschichte: Kolumbus, der als Gérard Depardieu in Rüstung in Ridley Scotts »1492« auf den nassen Sand stapft, die Fahne mit dem Kreuz in der Hand; Vasco da Gama, der 1498 im indischen Calicut landet. (Ein arabischer Lotse hatte ihn dort hingebracht.) Strand ist Anfang.

Der Strand auf der schönen Insel ist eben und viele Kilometer lang: auf der einen Seite Kokospalmen und dazwischen kleine Fischerhütten; auf der anderen Seite das blaugrüne Meer mit wilden hohen Wellen. Mittags um halb eins sieht es aus wie ein überbelichtetes Foto. Ich gehe jeden Morgen dort spazieren; der Strand, geht mir auf, ist ein melancholischer Ort. Am Ende von etwas geht es in den Filmen immer an den Strand. Strand ist auch Ziel, leerer Endpunkt; deswegen so gut geeignet für Wiederholungsschleifen. Am südlichen

Ende finde ich eine angeschwemmte tote Schildkröte, einen halben Meter lang, die Fliegen sitzen schon auf ihren Augen. Die Dinge, die ich am Strand aufsammle, sind das, was das bewegte Meer ausgespuckt hat, weil sie nicht mehr lebendig sind. Kleine Stücke als private Beschwörung von Dauerhaftigkeit: tot, aber noch ganz – Panzer, Gehäuse, harte Schalen. Könnte es sein, dass der Strand eine Art Vergangenheit ist? Unter ihm wohnen große Krabben, die tote Tiere essen, und der Sand, aus dem er besteht, ist das Ergebnis unaufhörlicher Zerkleinerung, über lange Zeiträume gedehnten Kaputtgehens.

Am Strand wird man auch sehr lebendig angemacht. »Do you want to meet Sri Lanka boys? Sri Lanka girls? Hashish?« Das ist ein bisschen anstrengend, aber nicht ohne Komik. Wie alt, glaubt der, bin ich eigentlich? Zum Sonnenuntergang kurz vor sechs gehen wir Gäste ebenfalls alle an den Strand und stellen uns in großem Abstand voneinander auf, um einander nicht zu stören beim Betrachten der großen Orange, die ins Meer taucht. »Die Sonnenuntergänge«, hat der Schweizer Nicolas Bouvier 1955 in einem melancholischen Reisebuch über Ceylon geschrieben, »sind dort von unglaublicher verschwenderischer Pracht.«[10] Wenn die Sonne versunken ist, explodiert ein gelber und türkisfarbener Bildschirmschoner in Superzeitlupe zu strahlendem Purpur vor Ultramarin, und die Wolken sehen aus wie brennende Raumschiffe. Der Garten ist hinterher voller hellgrüner Glühwürmchen, und pünktlich um sieben gibt es Abendessen.

Reisen, hat Michel Leiris 1930 notiert, sei nichts anderes als ein Mittel, um gegen das Altern und den Tod anzukämpfen. »Man gibt sich ganz und gar dem Raum hin, um in Gedanken dem Vergehen der Zeit zu entkommen.«[11] Das ist ziemlich genau das Konzept von Fremdenverkehr, nicht nur auf der schönen Insel. Die Vergangenheit, das unbetretbare Land, schrumpft an einem Ort zur Idylle zusammen. Zugleich lässt sie sich aufrollen und nach persönlichem Bedarf wieder abspielen. Das Gästehaus ist also eine Gelegenheit, das zu praktizieren, was Ibn Battuta im 14. Jahrhundert als den Aberglauben der Bewohner der schönen Insel beschrieben hat: die Zeit zurückzudrehen und dann ganz langsam wieder nach vorn laufen lassen zu können – auch wenn man schon alt ist. Reisebüros könnte man deswegen auch als Reversibilitätsaggregate beschreiben, persönliche Zeitwiederbeschaffungsagenturen, ebenso wie Wellness-Resorts, Sacri Monti, Gedenkstätten, Museen. Ihre Kundschaft hat Zeithunger: »Ich möchte das Verschwundene bitte noch einmal.«

Am besten also, man hält es mit der Kamera fest. Der Personalentwickler und seine Frau sind weiter als üblich den Strand hinuntergegangen. Sie stecken die Köpfe zusammen und fixieren gemeinsam das Smartphone, das er an einer langen Stange mit ausgestrecktem Arm hält. Dabei drehen sie sich umschlungen langsam um die eigene Achse, um alles festzuhalten, sich und das Meer und die Palmen und den Sonnenuntergang in 360 Grad. Sich qua Bild um sich selbst drehen: Für wessen Augen ist dieser Glücksbeweis eigentlich bestimmt? In der nächsten Kleinstadt, eine Viertelstunde entfernt, gibt es einen Fotografen, der im ersten Stock ein Atelier mit einer großen alten Plattenkamera eingerichtet hat. Mit ihr macht er Porträts vor verschiedenen gemalten Hintergründen – Dschungel, Nebelwald, Matterhorn –, und zwar in Schwarzweiß; sie werden dann in gedämpften Farbtönen von Hand nachkoloriert. Es sieht aus wie alte Fotos von 1890: Wir sind begeistert und lassen uns alle so fotografieren. Unten im Erdgeschoss des Fotografen stehen vier große neue Computer.

Die Jungs daran machen dasselbe digital, mit Photoshop, für die Einheimischen.

An einem Vormittag erscheint ein Elefant am Strand. Er ist da, um gewaschen zu werden, und hat sich dazu in die kleine Lagune gelegt, auf die Seite und mit geschlossenen Augen, wird von seinem Mahout hingebungsvoll abgeschrubbt und atmet mit dem Rüssel zwischendurch laut und genussvoll aus. Ich helfe ein bisschen mit beim Waschen, ich habe noch nie einen Elefanten angefasst. Seine Haut hat eine harte dunkelgraue Oberfläche und ist mit feinen Haaren bewachsen, steif wie Kokosfasern und schwarz. Hinter den Ohren sind sie heller, braunrot (in den Ohren hat der Elefant noch mehr Haare, wie ein alter Mann), und am Rüssel ist die Haut fast weiß, mit großen schwarzen Punkten darauf, Sommersprossen. Am Bein hat er eine lange eiserne Kette. Der Elefant, sagt sein Mahout, sei zur Erholung hier.

Am Ende meines Aufenthalts steige ich dann, wie Ibn Battuta und Duarte Barbosa, auf den Berg, auf dem Adams Haus gestanden haben soll. Er ist 2243 Meter hoch und heißt auf Singhalesisch Samanaḷa Kanda, Berg der Schmetterlinge. Der Fußabdruck in Stein, zu dem man dort pilgert, befindet sich im Kloster auf dem Gipfel und ist ziemlich groß. Buddha habe ihn dort hinterlassen, sagen die Buddhisten, Shiva die Hindus, Adam die Muslime, der Apostel Thomas die Christen. Er ist ein beliebtes Wallfahrtsziel, den Aufstieg beginnt man um zwei Uhr morgens, und verlaufen kann man sich nicht, denn die tausend Höhenmeter hinauf zum Gipfel führt eine ununterbrochene Kette aus Neonleuchten. Man durchquert Tempel, in denen man in ausgezeichnetem Englisch um eine Spende gebeten wird; dann Imbissbuden, die Tee, Softdrinks, interessant aussehende Kekse in Glitzerpapier und heiße Pfannkuchen mit Kichererbsen und Chilis verkaufen. Der Weg ist voller Pilger, singhalesische Jungs in Rapperklamotten, Großmütter mit riesigen Thermoskannen, händehaltende Paare, Väter mit ihren schlafenden Kindern auf den Schultern; alle mit dicken Wollmützen oder kunstvoll um den Kopf geschlungenen Tüchern; buddhistische Mönche, die vergnügt in ihre Mobiltelefone sprechen. Unten läuft zwischen den Buden Popmusik aus Lautsprechern, die auf den Bäumen aufgehängt sind; weiter oben, in dem kalten Wolkendunst, fangen die Pilger an zu singen.

Ganz oben tun mir die Beine weh, und der Tempel auf dem Gipfel ist mit Scheinwerfern und grünen und gelben Glühbirnen erleuchtet. Vor dem Eingang ist ein Polizist mit dicker gestrickter Wollmütze postiert, der die Besucher ermahnt, die Kopfbedeckungen abzunehmen und die Schuhe auszuziehen. Der großgewachsene Russe vor mir weigerte sich und muss deswegen vor dem Eingang draußen bleiben; er grummelt laut. Wir warten auf den Sonnenaufgang; es ist ziemlich kalt. Ein älteres Paar hat sich neben mich gesetzt und beginnt, sich laut auf Schwäbisch darüber zu beschweren, dass die Scheinwerfer und Lichterketten nicht ausgeschaltet werden, als die Sonne endlich am Horizont erscheint. »Isch doch unmöglich zum Fotografieren!«

Dann geht die Sonne auf: Ich stehe mit den Pilgern noch ein bisschen Schlange und verbeuge mich vor dem heiligen Fuß, Sri Pada. Er ist vergoldet; man kann einen Moment davor stehen bleiben, dann bekommt man von hinten einen diskreten Schubs und geht weiter und wieder hinaus, um in den vielen abgestellten Schuhen die eigenen zu suchen. Auf diesem Gipfel, steht in meinem Reiseführer, habe Hermann Hesse 1911 ein wundervolles spirituelles Erlebnis gehabt; und als er zwanzig Jahre später wieder hinaufgestiegen sei, habe sich diese Erfahrung wiederholt. Deswegen sind die Schwaben da, geht mir auf (sie haben denselben Reiseführer). Der Berg ist ein heiliger Berg, weil er die Möglichkeit zur Wiederholung ist, immer wieder 5200 Stufen hinauf und Sonnenaufgang.

Später habe ich nachgeschlagen: Hesse war auf dem Pidurutalagala, 25 Kilometer weiter westlich. Auf diesem Gipfel sei ihm klargeworden, schrieb er, dass das einzig mögliche Paradies nicht am Äquator liege, sondern ganz woanders.[12] Auf diesen Berg mit dem komplizierten Namen kommt man heute nicht mehr; er ist militärisches Sperrgebiet. Auf dem Weg hinunter vom Adam's Peak machen die jungen Männer in Rapperklamotten lachend Wettrennen auf den atemberaubend steilen betonierten Stufen hinunter, quietschend vor Vergnügen und in Flipflops.

Süßes Leiden

Was kann man lernen im tropischen Paradies? Dass es die Wünsche sind, die dort regieren. Der Wunsch, die Zeit zurückdrehen und noch einmal ablaufen lassen zu können, am liebsten mit alter Technologie. (Auch eine Art Reparatur.) Der Wunsch nach Reinheit; und danach, ein kleines Stück von dem Körper wiederzubekommen, den man früher gehabt hatte. (Oder zu haben geglaubt hatte.) Und der Wunsch, sich zu beschweren.

Das ist nämlich auch ein Wunsch, und den kann man sich am leichtesten erfüllen. Der Innenarchitekt beklagt sich, dass er nicht abnehme und dass er so schlecht schlafe, wegen der Frösche und der Vögel nachts. Der Personalentwickler und seine Frau mögen kein scharf gewürztes Essen. Sie führen eigentlich nicht gerne nach Asien, erzählen sie beim Mittagessen. »Diese koloniale Mentalität, bis heute, unerträglich, die fühlen sich nie selber verantwortlich.« Die Schriftstellerin klagt über die Moskitos, alle diese Insekten überall, sie halte das nicht aus. Die Frau des Fernsehproduzenten beschwert sich darüber, dass die Verbindung ins Internet ständig abstürze, immer dann, wenn sie wichtige Nachrichten losschicken müsse.

Kann es sein, dass Touristen etwas suchen, vor dem sie sich ein bisschen fürchten und unter dem sie dann leiden können, vor Publikum? Kombiniert wird das mit dem wichtigsten Skript des kultivierten Fremdenverkehrs, der melancholischen Versicherung, die gerade besuchte Idylle sei unwiderruflich dem Untergang geweiht. »Hast du gesehen, was für ein riesiges Hotel die dort vorne am Strand bauen? Dann ist das alles hier kaputt.« Die unberührte Idylle von früher, die seit John Ruskin, also seit gut 150 Jahren, so viele Reisende so schmerzlich vermissen, hat es nur im Nachhinein gegeben. Paradies ist das, was verloren ist. Die Schweiz, als sie noch nicht zugebaut war, die alte BRD, die alte DDR, das Österreich von Bruno Kreisky: Mein Gott, war das alles schön, im Nachhinein. »Schöne, schwarzbraune Singhalesen«, hat Hermann Hesse 1911 in sein Tagebuch geschrieben, »traurig aus mageren Prinzengesichtern und edel ergebenen Rehaugen blickend, weithin wehende Palmenwelt, von Vögeln und Schmetterlingen farbig umschwirrt, ferne blaue Gebirge. Es war wie ein schöner unwahrscheinlicher Traum dagewesen und verschwunden, dieses farbige Ceylon.«[13]

Im Paradies kann man lernen, dass die eigenen Pflichten und Erledigungen nicht nur Last sind, sondern auch ein Panzer, in den man sich hüllt, eine Art Ritterrüstung aus Papier und tragbaren Computern. Das Erschreckende am Urlaub sind alle diese freundlichen Leute, die nichts tun müssen und deshalb ohne Schutzhüllen sind, nackert und weißfleischig, ein bisschen wie die Engerlinge, ich selber auch. Die Reisenden im Paradies leiden alle ein wenig, und am meisten leiden sie unter den anderen Reisenden. »Hier sind doch viel zu viele Leute«, hat der eine Teil des schwäbischen Ehepaars auf dem Schmetterlingsberg zu dem anderen gesagt, »und immer steht mir einer vor der Kamera.« Reisende fühlen sich nicht für das verantwortlich, was an den von ihnen besuchten Orten geschieht. Dementsprechend distanziert ist ihre Reaktion auf die Veränderungen, die sie selbst ausgelöst haben: Es ist ihnen dann einfach nicht mehr schön genug.

Nicht alle Leute, die auf der schönen Insel Urlaub machen und die man am Strand, im Gästehaus und auf dem Berg sieht, sehen gut aus. Ich jedenfalls nicht. Denn jemand, der das Schöne sucht, hat es selbst nicht; jedenfalls nicht ausreichend, sondern als gefühlten Mangel, den er mit sich herumträgt. Deswegen kann der arme Reisende auf der schönen Insel gar nicht anders sein als hässlich. Sonst würde er ja bleiben, wo es schön ist, und dort einfach auch schön sein.

Denn im Paradies regiert die Geschichte: Jeder Ort, der in den letzten 200 Jahren ein Touristenziel gewesen ist, ist es heute immer noch, oder wieder: Fremdenverkehr ist nicht nur ein Allesfresser in Sachen Alterität, sondern auch eine unkaputtbare semiotische Maschine, die niemand mehr ausschalten kann. Ferien, ursprünglich temporäre

Entlassung aus der Produktion, sind so sehr Teil der Produktion geworden, dass es heute die radikalste mögliche politische Position ist, gegen Ferien zu sein. Die Ferien sind nicht mehr bloße Kompensation, Gegenwelt und Wiedergutmachung. Sie sind das Ziel schlechthin geworden, jedenfalls in der Welt des Imaginären und der Zeichen. Paradies ist ein altiranisches Wort, und es heißt wörtlich: das Umzäunte. Der versperrte Garten. Das Paradies wird erschaffen durch das Verbot, es zu betreten: Es ist der immer schon verlorene, der per Definition unzugängliche Ort, Schmuggelgut aus Persien, weit im Osten. In den frühmittelalterlichen Klosterkirchen war das Paradies der Ort, von dem aus die noch nicht Getauften einen Blick auf die prunkvolle Liturgie werfen konnten, an der sie noch nicht teilnehmen durften.

Das Paradies ist also ein doppelter Ort. Für die, die es von außen anschauen, ist es unzugänglich. Für die aber, die sich in ihm befinden, ist es auch durch die Abgrenzung definiert, nur in einem anderen Sinn. Für seine Bewohner ist das Paradies nämlich der Ort jenseits des Gesetzes. Es ist das Loch in der Ordnung, der Ort der Überschreitung und Perversion: das Hippiedorf, das besetzte Haus, das Schloss aus de Sades »120 Tagen« und die tanzende, sich um sich selbst drehende Gemeinschaft am Rave. Der portugiesische Navigator, Übersetzer und Geschäftsmann Duarte Barbosa, der so ausführlich über die Gewürze, Früchte und Edelsteine von Sri Lanka berichtet hat, hat 1516 ein ganzes Buch über die Länder im Indischen Ozean und ihre Schätze geschrieben, nach ihm selbst benannt: »O livro de Duarte Barbosa« – binnen weniger Jahre ins Italienische, Spanische und Deutsche übersetzt. Ob es wohl Zufall ist, dass die Drehbuchautoren der Walt Disney Corporation in »Pirates of the Carribean: Der Fluch der schwarzen Perle« von 2003 dem Anführer der Piraten mit dem verfluchten Schatz, die eigentlich Untote sind, Barbosas Nachnamen gegeben haben? Immer dann, wenn ein Ort als Paradies bezeichnet werde, bemerkt Paul Theroux in seinem Reisebericht aus der Südsee, sei er endgültig kaputt.[14]

»Ich weiß noch ein Paradies«, sagt der Personalentwickler, als ich ihm das erzähle. »Die Ehe.«

Mittelmeer, ganz authentisch

Urlaub ist der Ur-loop, die Wiederholungsschleife. Man vermisst etwas, das es so nie gegeben hat, das aber aus Fragmenten der eigenen Vergangenheit zusammengesetzt ist. Man wird deswegen ein Liebespaar, um miteinander in den Süden zu fahren. Und bekommt Kinder, um mit ihnen Ferien am Mittelmeer zu machen, ganz wie die eigenen Eltern. Nur dass wir außerdem schnelles WLAN brauchen.

Östlich von Almeria an der spanischen Mittelmeerküste liegt der trockenste Ort Europas: Die Wüste im Regenschatten der Sierra Nevada und der Sierra de las Filabres reicht bis zum Meer, und es wird heiß im Sommer, sehr heiß. Ich bin 1985 hier gewesen, mit meinen Hausbesetzerfreunden in einem alten Alfa Romeo und mit wenig Geld. Wir hatten Schlafsäcke und zwei Zelte im Kofferraum und schliefen draußen: Die leeren Strände hinter Almeria waren der einzige Ort an der spanischen Mittelmeerküste, wo man das tun konnte, weil dort noch keine Hotels und Ferienhäuser standen, und es war atemberaubend schön gewesen. Da wollte ich wieder hin.

In Urlaubswiederholungen steckt etwas leicht Zwanghaftes, und auf langen Autofahrten bei 37 Grad zu den Stränden, wo es das letzte

Mal so richtig schön gewesen ist, merkt man das auch. Dazu kommen selbstgemachte Verfalls- und Bedrohungsdramen, vorgetragen im Ton der berechtigten Empörung. »Hier stand damals kein einziges Haus.« »Jetzt muss man für den Parkplatz auch noch zahlen!« Für das eigene Wiederhaben-Müssen ist in keinem dieser Szenarien Platz: Wie beim Aufstieg auf Adams Berg geht es um Pilgerschaft *en famille* an den richtigen Ort, um die Vergangenwart und die Gegenwart gleichzeitig wieder in eine imaginäre Ordnung zu bringen. »Hier war es« – das strahlende blaue Meer, die langen Strände und die Wüstenberge mit Agaven, die aussehen, als wäre man in der Neuen Welt.

Genau wegen dieser Landschaft gibt es bei Almeria eine besondere Ferienattraktion, eine halbe Stunde mit dem Auto landeinwärts: Oasys Mini Hollywood. »Authentic Western scenarios turned into the most original Mediterranean theme parc«, hieß es auf der Website, ein Westernpark am Mittelmeer für die ganze Familie. Weil die Landschaft aussieht wie in New Mexiko oder Texas, wurden in der Wüste von Tabernas ab dem Ende der 1960er Jahre von italienischen und deutschen Produktionsfirmen Western gedreht – das war billiger als auf der anderen Seite des Atlantiks. Die hölzernen Filmkulissen der Westernstädte mit sorgfältig auf Englisch beschrifteten Saloons, General Stores, Gefängnissen und hölzernen Gehsteigen waren schon in dem Reiseführer erwähnt, den ich 1985 dabeihatte, als Kuriosität am Rande. Interessant, aber ziemlich ab vom Schuss, hieß es dort, und schon ziemlich zerfallen.

Das ist heute anders; der Rest lässt sich auf Tripadvisor nachlesen (4,5 von fünf Punkten). Bewaffnete Berittene in Originalkostümen und auf echten Pferden spielen in den renovierten Kulissen live die Höhepunkte aus Westernfilmen nach, tragen Duelle in der sengenden Mittagshitze aus, schießen vor Saloons herum, befreien Schurken aus dem Gefängnis und fallen zu Tode getroffen vom Pferd. Nachher stehen sie wieder auf, und die Zuschauer applaudieren. Dazu gibt es spanische und internationale Küche und eine kindgerechte Badelandschaft mit Wasserrutschbahn. Die Kinder haben meine wildromantischen Strände aus den achtziger Jahren nicht besonders toll gefunden. Jetzt sind sie hellauf begeistert und wollen gar nicht mehr weg.

Familienurlaub am Mittelmeer ist als Ganzes ein bisschen wie Oasys bzw. Mini Hollywood, denke ich: vor der passenden Kulisse etwas nachspielen. Als Historiker kann einem leicht schwindlig werden, wenn man darüber nachdenkt, was man da sieht: Renovierte Kulissen jener Italowestern, die selbst als Remakes (und Parodien) der erfolgreichen klassischen amerikanischen Western entstanden sind, die zwischen dem Ende der 1930er bis zur Mitte der 1970er Jahre gedreht wurden. Die wollten moralisches Historiendrama sein und patriotische Pferdeoper, waren aber selbst Remakes der Unterhaltungsshows in Theatern und Varietés mit »richtigen« Cowboys, Büffeln und Indianern, die in den großen Städten der amerikanischen Ostküste ab den 1880ern auf Tournee unterwegs gewesen waren; der erste Film ist von 1894.[15] Der Vervielfältigungskette sitzt der Colt locker. Die Historiendramen von Mini Hollywood waren also Re-Enactments von Remakes von Remakes von Remakes: Eine neu erschienene kulturwissenschaftliche Studie dazu trägt einen Titel, der selbst mir jetzt ein bisschen dick aufgetragen vorkommt: »Geschichte – Mythos – Identität.«[16]

An der südspanischen Mittelmeerküste kann man aber noch etwas anderes sehen. Zwischen den Ferienhäusern am Meer und den Naturschutzgebieten in den Bergen erstreckt sich zwischen Adra und Almeria bis nach El Ejido und noch weiter über mehrere hundert Kilometer eine Landschaft, die nicht aus der Vergangenheit kommt. Sie ist kein Zitat, sondern Original, und neu: *Mar de plastico* nennen sie die Spanier. So weit man sehen kann, ist die Ebene mit Gewächshäusern aus Plastikfolien bedeckt, in denen Frühgemüse gezogen wird, dazwischen Fabriken mit eigenen Autobahnauffahrten, die Plastimer und Solplast heißen. Die marokkanischen Illegalen, die in den ersten 30 Jahren in diesen Folientunneln Gemüse gesät und geerntet haben, wurden in den letzten Jahren durch Ukrainer, Westafrikaner und Lateinamerikaner ersetzt, die sind billiger. Von Afrika aus gesehen, fängt hier Europa an. Aus der anderen Richtung betrachtet ist das *mar de plastico* jenes mythische Mittelmeer, dessen Produkte mich im Supermarkt anlachen. Denn von hier kommen die Gurken, Zucchini und Tomaten, die ich von November bis April aus dem Verkaufsregal nehme.

Wie immer, wenn etwas Neues passiert, gibt es erst einmal keine Kategorien dafür. Land ist das *mar de plastico* nicht; Stadt auch nicht. Auch Industrie klingt irgendwie falsch, weil dort nur Gemüse produziert wird, eigentümlich ortlos in Wogen von staubigen PVC-Folien, wirklich ein Meer. Meine schweizerischen und deutschen Freunde, die regelmäßig Urlaub in Südspanien machen, gebrauchen für diese Landschaft sehr abfällige Ausdrücke, sofern sie überhaupt über sie sprechen. Dabei erfüllt dieses Meer genau jene Wünsche, die sie selbst als Ansprüche an ihren Urlaub formulieren. Erstens ist es authentisches Südspanien; echter geht es eigentlich nicht. Zweitens ist man dort allein. Die am wenigsten wahrgenommene Dienstleistung touristischer Infrastruktur, hat ein boshafter Soziologe geschrieben, bestehe in der Präsenz kompatibler anderer Konsumenten.[17]

In Campohermoso, am Rand des Plastikmeers, bin ich der einzige Europäer auf der Straße unter den Dunkelhäutigen in langärmligen T-Shirts, die auf alten Fahrrädern unterwegs sind oder im Schatten warten: Später Nachmittag, 38 Grad. Auf dem Rücksitz quengeln die Kinder. »Können wir nicht wieder ans Meer?« Dort, 20 Kilometer weiter, am Strand, ist es voll; aber unter den Badenden ist kein einziger Schwarzer. Im Retroland werden nur die Körper der konsumierenden, aber nicht die der arbeitenden Klassen sichtbar.[18]

Wer in den Familienurlaub fährt, fährt in sein eigenes Kinderland: daher das leicht Unwirkliche, aber strikt Verpflichtende daran. Ein solcher Urlaub in seiner üblichen Form ist zumindest ein starkes Indiz dafür, dass die meisten Leute an ihrer eigenen Freiheit und ihrem eigenen Glück vielleicht weniger stark interessiert sind, als sie selbst meinen. An der Ortsausfahrt von Campohermoso steht ein gewaltiges Plakat neben der Straße. Es macht Werbung für einen Rum, frisch eingegossen auf Eiswürfeln: nicht leuchtend, sondern in einem gedämpften, technisch raffiniert zurückgefahrenen Orange. Daneben eine Flasche mit elegantem Sechziger-Jahre-Retroetikett. Das Eindrucksvollste an ihr ist, finde ich, der Name: »Ritual«.

Der Wunsch danach, dass im Urlaub endlich alles richtig sei, richtig wie früher, die Landschaft, die Hotels, die Strände und der Sound, dieser Wunsch schließt Ironie aus. Ich weiß nicht mehr, an welchem Mittelmeerstrand ich den VW-Bus mit Tiroler Kennzeichen gesehen habe – Sardinien? Er hatte Surfbretter auf dem Dach, die Seitentüren bemalt mit einem stilisierten Maori-Muster, darunter groß, in Schwarz: »Riders of the Storm«. Dasselbe Motto hat der Besitzer noch einmal sorgfältig verkleinert vorne über die beiden Frontscheinwerfer geschrieben. Unter den Scheinwerfern und dem Kühlergrill, auf der Stoßstange, saß ein großer Stoffteddybär. Er war mit Draht befestigt und sah, so gefesselt, ein wenig unbehaglich drein. Das Surferstüberl als Road movie und wildes Leben, The Doors mit Plüschtier.

Ich kann mich in die Tiroler gut hineindenken: Wiederholungen von Gefühlschiffren können gar nicht kindisch genug sein, sie entlasten auf jeden Fall. Deswegen ist es auch kein Zufall, dass abends in den Bars von Fremdenverkehrsorten die immergleichen alten Hits gespielt werden. In den Bergen wie am Meer vermählen sich die Eagles, Rod Stewart und Bob Marley allabendlich in der Jukebox, ein endlos verlängertes 1969 (»Hotel California«), 1971, 1986, egal. Wenn vier Jahrzehnte alte Musikstücke unaufhörlich immer wieder abgespielt werden, setzt ein etwas unheimlicher Effekt ein. Man kommt buchstäblich nach Hause – wieder Daheim! –, und die Stücke verwandeln sich durch die beharrliche Wiederholung in ihr eigenes Kindchenschema. Tourismus als Hersteller und Provider von Emotionen ist deswegen der zweiten großen Retroindustrie des 21. Jahrhunderts, der Popmusik, eng verbunden: »Time is On My Side.« Mehr dazu kann man in einem lesenswerten Buch des britischen Musikjournalisten Simon Reynolds erfahren. Seinen Titel »Retromania« habe ich frecherweise für meinen eigenen einfach umkopiert. Aber so geht eben Identität.[19]

In den Alpen

Gehobenes Mittelklassehotel in den Bündner (oder oberbayrischen, Tiroler oder Kärntner) Alpen: Speisesaal, kurz vor acht. Die Alleinreisenden sind früh dran mit dem Essen und schon beim Hauptgang, als der Einmarsch der weißen Blusen und dunklen Jacketts beginnt. Die Paare fassen sich an, kurz und aufmunternd, bevor sie sich vor den Augen der anderen Paare auf dem Weg zum Vorspeisenbüfett machen. Der Hauptgang ist dann Privatsache, man schaut nicht hinüber. Kann es sein, dass teures Essen im Hotel eine Art Ersatzkörper bereitstellen soll, all das feste Muskelfleisch, das knackige Junggemüse, die salzig-sämigen *fruits de mer* und die »Krabbenschwänzchen aus Moçambique« auf der Speisekarte? Und woher kommt es eigentlich, dass einem nur die Lüste anderer Leute so aufdringlich ins Auge stechen, aber die eigenen nicht?

Der Wunschozean Urlaub ist ein *mar de plastico*, in dem gearbeitet wird, aber unsichtbar: ein Archipel von Inseln, auf denen nur Platz für zwei ist. Urlaub findet im Paar-Format statt, inklusive der Demonstration der Zweiertische, dass sie für ihr Ferienglück niemand anderen brauchen als nur sich selbst.[20] Besonders spürbar wird das bei den stummen, aber verbissen geführten Kämpfen um den Frühstückstisch mit der guten Aussicht in eben jenem gehobenen Mittelklassehotel in den Alpen, in dem das Paar-Projekt nach all den Alltagsaufschüben endlich zu sich selbst kommen soll.

Reisen heißt nämlich nicht nur, die Zeit zurückzudrehen. Es ist auch das Versprechen, eine gemeinsame Geschichte herzustellen – man fährt buchstäblich in künftige Erinnerungen. Fotografen, hat Walter Benjamin 1931 geschrieben, seien die Nachfahren der Auguren und Auspizien, die Omen lesen und die Eingeweide der Opfertiere deuten, Schuldige bezeichnen und die Zukunft vorhersagen. Mittlerweile sind wir unsere eigenen Wahrsager und machen Fotos von dem, woran wir uns erinnern wollen. In den Ferien muss besonders viel zukünftige Vergangenheit hergestellt werden, *futur antérieur* in Farbe: Das wird unsere Geschichte gewesen sein. Manchmal führt die Unterkunft dieses Angebot praktischerweise schon im Titel: An der Nordküste von Kreta (Alles-inklusive-Zone, Verschmelzung von Strand und Supermarkt) kann man in einem Hotel absteigen, das »Best Western: Your Memories« heißt.

Die Urlaubsreise als Paar-Erfüllung ist deshalb problemlos kompatibel mit der Urlaubsreise als Wiederholung der eigenen Kindheit. Logisch: Beim Paar-Sein hat man die Eltern ohnehin immer im Gepäck. Das zweite Lieblingsspiel des Touristen ist das des Wieder-Kind-Seins. In den Ferien am Strand wie in den Bergen bemühen sich jedes Jahr Millionen von Eltern tapfer, die Riten ihrer eigenen Kindheit zu wiederholen, nur diesmal mit ihren Kindern als Protagonisten. Die sollen das, bei 37 Grad in der spanischen Wüste oder mit kalten Füßen bei minus 10 Grad am Babylift, dann auch bitte schön genießen. Denn die Erholung ist ohne die Wiederholung nicht zu haben, auch wenn sich beide widersprechen. Weil die Fremdenverkehrsdirektoren das als gute Dialektiker wissen, pflastern sie die ihnen anvertrauten Urlaubsprospekte, Feriendörfer und schönen Landschaften, in den Bergen wie am Meer, mit großen bunten Maskottchen von strahlend lächelnden Heidis, Bambis, Flippers und Mickymäusen – mittlerweile sämtlich selber historische Embleme.

Geschichtsgebrauch setzt den mythischen Ort voraus, an dem alle Besucher von sich selbst erwarten, mehr und intensiver zu empfinden als zu Hause. Mit dem tropischen Inselparadies geht das genauso wie mit dem Mittelmeer und der alpinen Idylle in den Bergen. Touristische Nutzung verwandelt jede solche Destination in eine kulturwissenschaftliche Geisterbahn, in der man zwangsläufig in die Geschichte reist, weil das, was man sieht, für diesen »So schön!«-Blick präpariert und gerahmt worden ist. Alpine Sehnsuchtsorte funktionieren dadurch, dass sie als große »Nochs« auftreten, als Überreste des Schönen, fast Verschwundenen – und das seit dem Ende des 19. Jahrhunderts, als die Heimatschutzbewegung begann, sich der Rettung und Bewahrung des Authentischen zu widmen, mit großem medialen Erfolg. Die Entdecker der alpinen Idyllen waren gleichzeitig Produzenten jener vervielfältigten Bilder, die erst die Reproduktion und den Konsum des schönen Ursprünglichen ermöglichten.

Das Dorf Guarda im Schweizer Kanton Graubünden liegt hoch über dem Inntal auf 1650 Meter Höhe, auf einer Terrasse mit phantastischer Aussicht auf die Berge nach Süden. Die alten Häuser mit dicken Steinmauern und hölzernen Fensterläden sind mit Sgraffiti und Geranien geschmückt, dazwischen Brunnen und kleine Plätze. Guarda ist für sein intaktes historisches Ortsbild 1975 mit dem Preis des Schweizer Heimatschutzs ausgezeichnet worden. Ein »romantisches Boutiquehotel« gibt es auch, in einem Haus von 1782 mit Wellnessoase; ein paar Schritte weiter liegt das »Schellen-Ursli-Haus«, benannt nach dem Helden eines Kinderbuchs, das in der Schweiz jeder kennt. Der Rest lässt sich auf der Website der lokalen Tourismusbehörde nachlesen: Das Paradies im Unterengadin liegt »weit weg von Talstrasse und Bahnlinie und strahlt mit der Sonne um die Wette«. Und: »Mit viel Gespür für Authentizität und leidenschaftlichem Handwerk machen die Bewohner die Faszination für alle Sinne erlebbar.«

Das ist wörtlich wahr. Guarda wurde am Ende des 19. und am Beginn des 20. Jahrhunderts von seinen Bewohnern größtenteils verlassen. Der Bau einer neuen Talstraße weit unterhalb in den 1860er Jahren und die Eröffnung der Eisenbahnlinie hatten es ins Abseits gerückt, von der alpinen Landwirtschaft konnte niemand gut leben, die Häuser zerfielen. 1937 erstellte ein lokaler Architekt und Denkmalpfleger ein Konzept für eine Gesamtrestaurierung: Die alten Häuser sollten nicht nur wiederhergestellt, sondern mit Brunnen, Straßenpflasterung, Zäunen und Einfriedungen, diskret verlegten Strom- und Telefonleitungen und Blumenschmuck in ein neues historisches Ensemble verwandelt werden. Eine solche pittoreske alpine Herkunft war etwas, was in der politisch bedrängten Schweiz notwendig gebraucht wurde – bis 1945 wurden mehr als 30 Häuser nach dem neuen denkmalpflegerischen Konzept renoviert.[21] Im selben Jahr erschien das Kinderbuch mit den Abenteuern des »Schellen-Ursli«, eines Bauernbuben aus Guarda, verfasst von der Frau des Architekten. Nach ihm ist heute in Graubünden alles Mögliche benannt, von Imbissbuden bis Wanderwegen. Das Buch ist mittlerweile in der 32. Auflage lieferbar. 1953 und erneut 2015 wurde es verfilmt. Gedreht wurde – wer hätte das gedacht? – am Originalschauplatz.

Die neu geschaffene pittoreske Welt des »Schellen-Ursli« und seiner Abenteuer in einer heilen bäuerlichen Bergwelt aus einem zeitlich sehr unklar angesiedelten ›Früher‹ zeigt, wie eine fiktive Geschichte retroaktiv etwas neues Altes erzeugen kann. Die wunderbar erhaltenen alpinen Vorzeigedörfer wie Guarda oder das ebenfalls in Graubünden gelegene Soglio, hat der Bündner Gestalter und Autor Donat Caduff gezeigt, haben mit den ungehemmt kommerziell entwickelten Ski- und Konsumorten in der Nachbarschaft, wie Samnaun, St. Anton oder Kitzbühl, und mit den auf der grünen Wiese komplett neu errichteten Shoppingmalls mit Alpenthemen, wie dem »Heidiland«, mehr gemein, als man auf den ersten Blick annimmt. Vorzeigedörfer, Skiorte und Shoppingmalls sind Repliken von etwas, zu dem ein Original nie existiert hat. Alle drei sind sorgfältig baulich zugerichtete Erlebniswelten – nur eben für unterschiedliche Kunden konzipiert. Bei der Eröffnung des »Landquart Fashion Outlet« 2009 (ebenfalls in Graubünden) gab der Architekt der lokalen Tageszeitung ein Interview. Es sei ihm sehr wichtig gewesen, erklärte er, die Konzeption der Anlage »authentisch zu halten« und »traditionelle Baumaterialien« zu verwenden. Erschienen war das Interview unter dem Titel: »Ein natürlicher Teil der Landschaft«.[22] Eine 2017 neu gestartete Messe im nahen Industriegebiet von Chur – »aus Leidenschaft für regionale Produkte und Dienstleistungen«, sagt seine Homepage, »ein aktiver Beitrag zur Entwicklung und Förderung von Identität« – heißt natürlich auch nicht zufällig Guarda.[23] Mit Ausrufezeichen.

Willkommen in der Bergen also! Wer vom Unterengadin nach Süden fährt, dem Licht hinterher, landet auf dem Ofenpass. Auto abstellen auf dem Aussichtsparkplatz, von dort sieht man ihn dann, mit ein bisschen Wetterglück: zwischen den grau- und rotbraunen Zacken links und rechts ein riesiger weißer Rhomboeder mit abgeflachter Spitze, und er leuchtet, der Ortler, mit Königsspitze und Cevedale hintendran, 3900 Meter und ein bisschen, das ist ganz ordentlich für die Ostalpen. Höchster Berg der österreichisch-ungarischen Monarchie, darauf waren die stolz.

Seit 150 Jahren sind Staaten und ihre Bewohner stolz auf ihre Berge, obwohl sie für die nun wirklich nichts können: Die industrielle Moderne hat die Zacken, die vorher bedrohliche und finstere Verkehrshindernisse waren, zu großen nationalen Leuchtmitteln gemacht, sie gelten als kollektive Sonnenversprechen und Stimmungsaufheller.[24] Wenn man weiter nach Süden fährt, über die schweizerisch-italienische Grenze, landet man im Vinschgau, Val Venosta, zusammen mit den vielen deutschen und italienischen Wohnmobilen. Die sind auf einmal alle verschwunden, wenn man rechts abbiegt nach Latsch: Hinter den Obstplantagen schraubt sich die Straße ein enges Tal hinauf Richtung Ortler. Val Martello, Nationalpark Stilfser Joch, sie wildern dort Bartgeier aus und bauen Erdbeeren an: drei kleine Dörfer und ein Informationszentrum in Form einer riesenhaft vergrößerten Erdbeere. Noch weiter hinten ein Stausee, dort endet die Straße auf zwei großen Parkplätzen. Sie sind gebührenpflichtig, mit Automat, und der Mann von »Rudi's Würstelbude« daneben hat schlechte Laune und kann kein Kleingeld wechseln. Was gibt es hier zu sehen?

»Unterhalb des Ortlers«, in einer bis dahin völlig unzugänglichen Landschaft, so ließ Thomas Bernhard 1978 seine Erzählung »Entdeckung« in seinem »Stimmenimitator« beginnen, habe ein Industrieller von einem in der ganzen Welt berühmten Architekten ein Hotel bauen lassen, das bei seiner Fertigstellung das teuerste und modernste von ganz Italien gewesen sei, »zwölf Stockwerke hoch«.

Das steht dann auch dort, seitlich ein paar Schritte den Hang hinauf. In Wirklichkeit hat es nur fünf Stockwerke: Das Paradies ist grandiose pathetische Hochmoderne in einem etwas irren Rot. Der Putz bröckelt, und das Dach ist undicht. Giò Ponti hat das »Albergo Sportivo Valmartella al Paradiso del Cevedale« 1934 als Luxushotel mit allem Komfort erbaut. Restaurants, Bars, eigenes Post- und Telegraphenamt, Masseure, eine Sauna und zwei Friseure in einer dramatischen Felsenburg über dem hintersten Ende des Tals, nur über eine Holzbrücke erreichbar. Unter der lärmt in einer Schlucht das wilde Wasser, das von den Gletschern herunterkommt, und die zerfallende Aussichtsterrasse öffnet sich auf die Dreitausender.

»Bevor überhaupt mit den Bauarbeiten begonnen worden sei«, so Bernhards »Stimmenimitator« weiter, habe in dem Tal, »eines der unberührtesten in den Alpen überhaupt«, erst eine Straße angelegt werden müssen, 19 Kilometer lang, geschaffen von fast tausend Bauarbeitern.

Ein paar Höhenmeter über dem Hotel liegt die Zufallhütte: Die hat Thomas Bernhard nicht erfunden; auch nicht, dass es dort Kaffee Marke Hausbrand zu kaufen gibt. Plus interessante alte Ansichtskarten – im Ersten Weltkrieg lief hier die Front über die Gletscher, und in der Hütte war das Abschnittskommando Zufall stationiert. Nach der Annexion Südtirols durch Italien 1919 wurden die österreichischen Alpenvereine enteignet, und die Hütte stand leer. 1926 wurde sie mit neuem Namen wiedereröffnet: »Dux«. Heute ist ihnen der alte doch lieber. Sie hängen stolz Zeitungsartikel über Bärenspuren auf dem Gletscher aus, und die Jungs in der Küche hören Techno. Unten auf dem Parkplatz kontrolliert der Mann aus »Rudi's Würstelbude«, ob auch alle Autofahrer ihre Gebühr für den Parkplatz bezahlt haben. Dann setzt der Regen ein und packt alles in feines Grau.

»An dem Tag vor der Eröffnung des Hotels«, so Bernhard, sei der Sohn des Hoteliers beim Autorennen tödlich verunglückt; der Vater habe daraufhin alles abgesagt, sämtliche Angestellten entlassen, die Zufahrtsstraße abgeriegelt und das Betreten des ganzen Tals verboten.

Mein eigenes Hotel weiter unten im Tal ist aus den achtziger Jahren. Sie kochen gut, Schlutzkrapfen, Forellen und Erdbeeren. Mikroklima, sagt der Wirt, nur bei uns wachsen die auf 1700 Metern, gibt's von Juni bis September, und wir exportieren die nach ganz Italien. Und die Ruine da oben? Ach, das Paradiso, sagt der Bergführer am Tresen. Als sie mit dem Bau begannen, habe es im ganzen Tal kein einziges Auto gegeben, erst einmal habe die Straße nach hinten gebaut und das Material mit Pferdefuhrwerken hinaufgebracht werden müssen. Carmen Tartarotti aus Latsch habe vor 20 Jahren einen Film darüber gemacht, die habe all die alten Leute interviewt, die dort gearbeitet hatten; der sei auch im Fernsehen gekommen. Im Krieg sei die SS im Hotel stationiert gewesen; nachher habe es ein italienischer Unternehmer gekauft, für seinen Sohn, und rot gestrichen. Aber dann sei es zugegangen, für immer.

Nein, schrieb Frau Tartarotti später per E-Mail aus Berlin, ihren Film gebe es nicht auf DVD oder im Netz. Im Amt für audiovisuelle Medien in Bozen könne man sich ihn als Kopie anschauen, auf VHS. Aber sie freue sich über das Interesse.

Auf den Alpwiesen hoch über dem »Albergo Paradiso«, hinter der Zufallhütte, hatten zwei österreichische Alpenvereinsingenieure 1891 einen riesigen steinernen Damm bauen lassen. Er sollte die Schmelzwasserausbrüche der Gletscher verhindern, die vorher alle paar Dutzend Jahre das ganze Tal bis hinunter nach Latsch verwüstet hatten. 1905 wurde das Bauwerk feierlich eröffnet. 14 Jahre später gehörte alles zu Italien. Noch einmal 90 Jahre später haben sich die drohenden Eismassen so weit ins Tal hinauf zurückgezogen, dass man sie vom Hotel aus nur als ferne helle Flecken sieht. So viel zu historischer Überlieferung, Planung und Verschwinden im Schatten der Zufallspitze – so heißt der Cevedale auf Deutsch, nach dem schönen Wasserfall linker Hand.

Ein paar Kilometer Luftlinie weiter, auf der anderen Seite des Ortlers, gibt es übrigens ebenfalls ein Grand Hotel Paradiso. Es steht in Tonale, einem neuen Wintersportgebiet, das in den 1960ern dort auf die grüne Wiese gestellt wurde. Der Aufstieg des Fremdenverkehrs beruht auf neuen Verkehrsmitteln im Wortsinn: So wie die Luxushotels des 19. Jahrhunderts von der Eisenbahn hervorgebracht wurden (und sich dann mit den Bergbahnen auf die Höhe erhoben), wurden ihre Nachfolger in den 1930ern gemacht für Leute, die mit dem Auto anreisten, und der Skizirkus ab den 1960ern dann sowieso.

Seither braucht das Paradies vor allem eines, nämlich einen großen Parkplatz, wie den am Ende der Straße zum »Albergo Paradiso«. Deswegen hat es schon seine Logik, dass Giò Ponti nach dem Hotel zusammen mit Pier Luigi Nervi das Mailänder Hochhaus für die Autoreifenfirma Pirelli gebaut hat, 1956. Vorher hat er die luxuriöse Inneneinrichtung für ein anderes großes Verkehrsmittel gestaltet, die »Andrea Doria«. Zwei Jahre später bekam er einen weiteren großen internationalen Auftrag, in Bagdad: das Ministerium für Planung. Wie dieses Gebäude wohl jetzt ausschaut?

Frische Körper

Die Reise dorthin, wo die eigenen Wünsche endlich in Erfüllung gehen werden, ist privater Geschichtsgebrauch im öffentlichen Raum. So gesehen wäre das milliardenschwere touristische Dienstleistungskarussell am Beginn des 21. Jahrhunderts nichts anderes als die Fortsetzung der alten Mnemotechnik, der Gedächtniskunst. Ihr Material ist als eine Abfolge von inneren Bildern organisiert: Sie sind im Kopf der Protagonisten gespeichert, um nacheinander abgerufen zu werden. *Imagines agentes* hat Quintilian sie genannt: Einmal eingeschaltet, spucken sie die Skripts aus, die in ihnen gespeichert sind. Die können wir dann nachspielen, alleine oder zu zweit, in der historischen Altstadt, am Strand und im schönen Berghotel. Ein solches Skript ist erleichternd, weil mit ihm die endlos herumrutschenden Zeichen und Dinge an ihren richtigen Platz gebracht werden können: Endlich eine Ordnung, auch wenn sie selbstgemacht ist und verdächtig nach unwirklich verlängerten Kindheitslandschaften oder idealen Paarungsorten aus den sechziger-, siebziger- oder achtziger Jahren aussieht – die es in dieser Form nie gegeben hat, aber das ist bei Vergangenheitsgebrauch meistens so. Erholen ist imaginäres Wieder-Holen.

Als Touristen sind wir, anders gesagt, alle ein bisschen Pensionisten, und so benehmen wir uns auch: spät aufstehen, bunte Freizeithemden und kurze Hoserln, die wir sonst nicht anziehen würden. Versprochen werden dafür wieder zugänglich gemachte Körper aus dem unerreichbaren Land Vergangenheit, eigene wie fremde. Deswegen ja der Paar-Urlaub im Wellnesshotel in den Bergen: wieder jung und neu werden füreinander an der frischen Luft. Wenigstens ein bisschen.

Wenn man genauer hinschaut, tauchen in diesen Bilderbögen nicht nur die erotischen Konstellationen der eigenen Familiengeschichte auf, sondern auch andere, weniger anheimelnde *pin ups*. Cristoforo Colombo hatte in seinem Reisebericht von 1498 das Paradies auf der Spitze einer Erdkugel verortet, die genau die Form einer weiblichen Brust habe. Wer bei Google »Ibn Battuta« eingibt, wird auf einen Artikel in »Spiegel Online« verwiesen. »Lebemann, Abenteurer, Reporter« nennen ihn die Hamburger forsch, und die Erfahrungen des Marokkaners aus seinen 30 Jahren Reisen lassen sie zusammenschnurren auf zehn »Profi-Reisetipps aus dem Mittelalter« für heutige Touristen. Sie geben über das 14. Jahrhundert weniger Auskunft als über die Wünsche ihrer Autoren. »Nie zweimal dieselbe Strecke bereisen.« »Geschenke: Immer annehmen!« »Frauen: Verführen!«[25]

Das Paradies ist seit vielen Jahrhunderten ein intensiv erotisch aufgeladener Ort, weil es die Möglichkeit zu einer phantasmatischen Zeitreise in die Epoche vor dem Sündenfall bietet: Als die wilden Tiere noch zahm waren, Sex von Schuld entkoppelt war und niemand züchtige Kleider, Unterhosen, Präservative oder überhaupt irgendetwas anhatte.[26] Der Sextourismus nach Thailand, Kenia, Brasilien und Sri Lanka ist so gesehen nicht moderne Perversion, sondern bloß die Weiterentwicklung jener Andeutungen, die jeder Reisebüroprospekt mit seinen Bildern lächelnder hübscher halbnackter Frauen und Männer macht, die dem Betrachter herausfordernd in die Augen schauen.

Er ist auch eine konsequente Weiterentwicklung historischer Vorläufer. Ludovico da Varthema hat in seinen »Reisen im Orient« seine erotischen Abenteuer mit gutaussehenden Prinzessinnen ausführlich ausgeschmückt, ebenso wie eine ferne tropische Insel, deren Bewohner angeblich auf der Suche nach weißen Männern zur Entjungferung ihrer Frauen waren. Duarte Barbosa beschrieb die Frauen in Indien als »wohl gebaut«, »zart« und hellhäutig, und sein Vorgesetzter Afonso de Albuquerque ermunterte die christlichen Eroberer, sich indische Frauen zu nehmen, die »alvas e de bom parecer« seien – weiß und gutaussehend. Italien wurde von den Reisenden der »Grand Tour« ohnehin als ein Wunderland sexueller Dienstleistungen aufgefasst: Die Prostituierten in Venedig und Rom waren für Reisende des 16. Jahrhunderts wie Michel de Montaigne ebenso pittoreske Sehenswürdigkeit wie 1740 für den wohlhabenden Frankfurter Juristen Johann Caspar Goethe, als er Italien bereiste; sein berühmterer Sohn hatte später dort ebenso seine Begegnungen, die er in den »Römischen Elegien« festgehalten hat.[27] Am Beginn des 21. Jahrhunderts erscheint das neu formatiert als postkoloniale Libido nach den utopischen Körpern dunkelhäutiger Minderjähriger. Schließlich heißt die Branche ja nicht umsonst Fremdenverkehr.

Vielleicht ist deshalb das jährlich stattfindende Burning Man-Festival in Black Rock Desert im amerikanischen Bundesstaat Nevada die perfekte paradiesische Destination des 21. Jahrhunderts: eine Woche lang Kunst, Musik, Drogen und freie Liebe, Antikonsum als Konsum. Am Schluss wird die riesige hölzerne Skulptur in der Mitte der temporären Stadt in Brand gesetzt, die gesamten Geräte werden eingepackt und abtransportiert, und die 80 000 Menschen, die sich 2017 dort versammelt hatten, reisen alle wieder nach Hause.

Die unendlich große weiße Sandfläche, auf der das Festival stattfindet – die »Playa«, der Strand, wie die Teilnehmer sie getauft haben –, soll danach so sein wie zuvor: leer und unberührt. Dieses temporäre Paradies der Gegenkultur besteht in seiner Selbstdarstellung aus nichts anderem als aus seinen Bewohnern und ihrem Enthusiasmus.[28] Der wird noch gesteigert dadurch, dass die weiße Alternativkultur dort unter sich ist. Im Paradies, so macht der »Burning Man« unfreiwillig jedes Jahr deutlich, gibt es Zusammengehörigkeitsgefühl, bewusstseinserweiternde Erfahrungen, wahnsinnig gute Musik, alle Arten von Sex, keinen Kommerz, und das alles für eine geringe Eintrittsgebühr. Aber – aus welchen Gründen eigentlich? – so gut wie keine Latinos und keine Schwarzen.

6 Dieser Ort ist eine Zeitkapsel

»Tanto difficile da immaginare, davvero, il paradiso? Ma se basta chiudere gli occhi per vederlo, sta lì dietro, dietro le palebre, pare che aspetti noi, noi e nessun altro.«
Giovanni Raboni

Relativ umfangreiche, gut funktionierende und in sich kohärente Teile der eigenen Wirklichkeit bestehen aus Fiktionen: Tourismus ist einer davon, mit seinen selbstbewussten Inszenierungen von etwas, das außerhalb von ihm nirgendwo existiert. Warum, habe ich am Beginn dieses Buchs gefragt, geht das nicht ohne dauernde Bezüge auf das Authentische von früher? Warum der beharrliche Rekurs auf die Ursprungsgeschichten als Wurzeln und Quellen der eigenen Identität? Und wenn diese Identität als historisch definiert wird und aus der Vergangenheit kommt, wie kann – oder muss – sie dann immer wieder neu erlebt werden?

Deswegen die Ortstermine in den vorangegangenen Kapiteln, als Lokalaugenschein. Was sieht man von der Geschichte, wenn man die Sainte-Chapelle und Notre-Dame de Paris besucht, die Luzerner Kapellbrücke, den Adam's Peak auf Sri Lanka und das Martelltal in Südtirol? Die geträumte Reise zurück in die Vergangenheit erzeugt ganz unterschiedliche Formen von wieder sichtbar gemachter Geschichte in der Gegenwart. Das einzige wahre Ausland, das einem angesichts der touristischen Welteroberung im 21. Jahrhundert noch verbleibe, sei die Vergangenheit, habe ich zu Beginn Hans Magnus Enzensberger zitiert. Aber dieser Sehnsuchtsort ist im Gegensatz zu den pittoresken Altstädten, den paradiesischen Tropeninseln, Mittelmeerstränden und Alpenhotels, die uns in den vergangenen Kapiteln beschäftigt haben, wirklich weit weg. Genauer gesagt: unerreichbar.

Inseln, Schichten, Spiegelbilder

Die Unterscheidung zwischen der Vergangenheit – unveränderbar, unbetretbar, futsch, perdu – und der Geschichte, ihrer Reproduktion und Neuerzählung in der jeweiligen Gegenwart, kann man tatsächlich besichtigen. An der heutigen Grenze zwischen der Türkei und Armenien liegt die Stadt Ani, griechisch Harpasus: An der nördlichen Seidenstraße gelegen und zuerst von Byzanz, dann vom seldschukischen Reich kontrolliert, zählte sie im 12. und 13. Jahrhundert mehr als 100 000 Einwohner und erhielt den Beinamen »Stadt der 1001 Kirchen«. 1319 wurde die Stadt von einem Erdbeben verwüstet und begann zu schrumpfen. Seit mehr als 300 Jahren ist sie vollständig verlassen. Mehr oder weniger erhalten sind Teile der Stadtmauern und der Kathedrale aus dem 11. Jahrhundert, einiger Kirchen und Kapellen, die Zitadelle und die seldschukische Moschee. Die Ruinen werden nur von wenigen Touristen besucht. Ihr armenischer Ursprung wird von offizieller türkischer Seite verschwiegen; auf einer Hinweistafel ist vage vom »christlichen Erbe innerhalb des Osmanischen Reichs« die Rede.[1] Und die Stadt zerfällt weiter.

Während Ani nur relativ wenigen Spezialisten bekannt ist, ist der Ise-Schrein weltberühmt. Das höchste Heiligtum des shintoistischen Japan, in der Nähe von Kyoto errichtet, stammt in seiner heutigen Form aus dem 7. Jahrhundert. Genauer: Es ist seine Form, die fast 1300 Jahre alt ist. Denn alle 20 Jahre wird die Tempelanlage komplett in exakt gleicher Form und in streng festgelegten traditionellen Techniken neu errichtet, nebenan; danach wird die alte abgerissen, die hölzernen Teile der Gebäude werden verbrannt, die unbrennbaren vergraben.[2] Die heute sichtbare Anlage stammt von 2013 und wird jährlich von mehr als sechs Millionen Menschen besucht.

Beide Orte illustrieren sehr schön das Verhältnis zwischen Vergangenheit und Geschichte. Vergangenheit ist vorbei: Sie ist verschwunden und nur als lückenhafter, kaputter Überrest greifbar. Es sei denn, man verwandelt sie in Geschichte, in jetzt, heute, wirksame Erzählung, Visualisierung, als Ergebnis der Arbeit lebendiger Protagonisten. Ani und Ise sind zwei extreme Beispiele für diese Kategorien. Das Prinzip Ani: keine Geschichte, sondern nur Vergangenheit – die langsam, aber unwiderruflich zerfällt. Oder das Prinzip Ise: alle 20 Jahre neu bauen – reine Geschichte, keine Vergangenheit.

Sehr viel häufiger treten die beiden Prinzipien in Mischungsverhältnissen auf, etwa bei den historischen Wahrzeichen in europäischen Altstädten, denen wir in den vorangegangenen Abschnitten begegnet sind. Noch häufiger sind Gebäude, in denen gleichzeitig die Überreste aus unterschiedlichen Epochen präsentiert werden, in übereinandergelegten Zeitschichten. Die kunstvolle Renaissancefassade des Palazzo Fantuzzi in der Altstadt von Bologna zum Beispiel stammt von 1521. Sie ist am Beginn des 21. Jahrhunderts aufwendig restauriert worden.

Ebenso minutiös wiederhergestellt wurden auch in Schwarz und Weiß gehaltene Aufschriften. Sie informieren den etwas verblüfften Betrachter über Schutzräume (der Eingang sei gleich hinter dem Portal) und die Nummern der Luftschutzwarte bei »incursioni aeree«, also Luftangriffen. Aufschriften und Telefonnummern von 1943 und 1944 sind damit in denselben Rang von sehenswerter Vergangenheit versetzt wie die Fresken und die Architekturdetails der Fassade aus dem 16. Jahrhundert: kunstvoll restauriert, so dass sie zwar wie aus früherer Zeit stammend, aber nicht hinfällig aussehen; dauerhaft alt, sozusagen.

Das geht auch umgekehrt. In Frankfurt am Main ist im ehemaligen Verwaltungsgebäude des Chemiekonzerns I.G. Farben, 1928 von Hans Poelzig erbaut, seit 2001 ein Teil der Universität untergebracht. Das riesige Gebäude mit seiner strengen, wuchtigen Fassade ist sorgfältig renoviert worden, und auf jedem Stockwerk gibt es große Glastafeln mit Informationen in Deutsch und Englisch zur Geschichte des Konzerns, zu seiner Kooperation mit den Nationalsozialisten und seiner Beteiligung an der Kriegswirtschaft und der Organisation der Konzentrationslager.[3] »Aber eines ist schon merkwürdig«, sagt der junge Kollege, der mich durch das Gebäude führt: Fast alle Spuren davon, dass das Gebäude nach 1945 für 50 Jahre Sitz der amerikanischen Militärverwaltung war, seien wegrenoviert. Die sorgfältig ausgestellte Erinnerung an die Jahre 1928 bis 1945 ist offenbar gleichzeitig Verschluss: Sie lässt die dreimal längere Geschichte der amerikanischen Nutzung verschwinden. Nur das ehemalige Büro General Eisenhowers werde gerne genutzt, für besondere Anlässe.

Geschichte machen als Performance, wie bei den Humanisten im 16. Jahrhundert: Das Restaurieren von alten Überresten ist nicht einfach nur Erhaltung, sondern Auswahl der richtigen Phase der Sehenswürdigkeit, angewandtes Zeitmanagement. Präsentiert wird dabei eine neue Geschichte, gereinigt von den unpassenden oder einfach überflüssigen Teilen der Vergangenheit. Der Parthenon in Athen ist ein besonders berühmtes und touristisch intensiv genutztes Beispiel. Zum Inbegriff eines klassischen Stilideals war es durch den erstmals 1762 publizierten Bildband »The Antiquities of Athens« geworden, der die antike griechische Architektur als Vorbildsammlung einem gebildeten europäischen Publikum erschloss. Zum Wahrzeichen werden konnte der Tempel aber erst dadurch, dass nach 1832 alle Überreste der Moschee entfernt wurden, in die das Gebäude nach der Eroberung der Stadt durch die Osmanen im 15. Jahrhundert verwandelt worden war. Bis dahin war es eine Marienkirche gewesen.[4]

Sigmund Freud hat in einem berühmten Brief – »Eine Erinnerungsstörung auf der Akropolis« – ein eigenes Ferienerlebnis dort als Beispiel für das vertrackte Verhältnis zwischen der Vergangenheit und den eigenen Wünschen analysiert. »Also existiert das alles wirklich so, wie wir es auf der Schule gelernt haben?« Nein, habe er 1909 ausgerufen: »Nach dem Zeugnis meiner Sinne stehe ich jetzt auf der Akropolis, allein ich kann es nicht glauben.«[5] Als Freud das schrieb, war der Parthenon einer der häufigsten im Bild vervielfältigten Orte der Welt: Das Historische an der historischen Sehenswürdigkeit steckt immer auch in solchen zeitgenössischen Reproduktionen. Jedes solche Monument ist ein multimedialer Komplex, über mehrere Zeitschichten verteilt, in ständiger leiser Veränderung begriffen und mit externen Hinzufügungen, ohne die ein Überrest gar kein historisches Monument werden kann, und erst recht keine historische Sehenswürdigkeit.

Im Extremfall ist eine solche Hinzufügung einfach Verdoppelung dessen, was aus der ebenso unzugänglichen wie unzulänglichen Vergangenheit übrig geblieben ist. Besonders empfindliche historische Monumente wie zum Beispiel die Höhlenmalereien von Lascaux kann man nicht im Original besichtigen, sondern nur noch in Form exakt nachgebildeter Repliken. Dieselbe Lösung hat man für viele populäre Sehenswürdigkeiten aus der Vergangenheit gewählt, von den Megalithen von Stonehenge über die Sandsteinfigur des Bremer Roland bis zu den Statuen auf der Fassade des Basler Münsters – wenig, so scheint es, ist für Denkmäler so zerstörisch wie das allzu intensive Interesse ihrer Besucher. Im Fall von Stonehenge hat ein boshafter britischer Künstler sogar eine Kopie der Kopie hergestellt, als mobile, aufblasbare Hüpfburg, mit riesigem Erfolg.[6]

Die drei mittelalterlichen Burgen in Deutschland mit den meisten Besuchern – Hohenstaufen, die Wartburg und Neuschwanstein – stammen alle aus dem 19. Jahrhundert. Ich würde die Wiedererrichtung mittelalterlicher Monumente aber nicht als historistischen Exzess belächeln: Sehenswürdigkeiten aus mittelalterlichen Vergangenheiten werden auch im 21. Jahrhundert neu gebaut. In Island ist geplant, den mittelalterlichen Dom in Skalholt aus dem 14. Jahrhundert wiederaufzubauen. Im burgundischen Guédelon entsteht seit 1997 eine Burg aus dem 13. Jahrhundert ausschließlich mit mittelalterlichen Handwerkstechniken neu; mit jährlich mehr als einer Viertelmillion Besuchern ist sie eine extrem erfolgreiche Touristendestination. Im österreichischen Friesach wird seit 2009 eine Burg aus dem frühen 13. Jahrhundert nach denselben Prinzipien neu gebaut, Slogan: »Erlebnis Burgbau«. Bei Messkirch im Schwarzwald wird seit 2012 gleich eine komplette Klosterstadt aus dem 9. Jahrhundert neu errichtet, ebenfalls streng mit rekonstruierten Handwerkstechniken des Frühmittelalters. Die dafür verwendeten Slogans: »Eine einzigartige Zeitreise«, verkündet die Website des Projekts, »Bauen wie vor 1200 Jahren«, und jeder könne dabei sein. »Mittelalter hautnah erleben.« Und: »Hier läuft die Uhr anders.«[7] Hüpfburgen in die Vergangenheit, selbstgemacht.

Beim Parthenon ist das Verhältnis zwischen Altem und Neuem noch komplexer. Das Original ist offen für touristische Besichtigung, hat aber wegen des schwierigen Erhaltungszustands der Tempelanlagen den Charakter einer dauerhaften Baustelle, eine ununterbrochene und unabschließbare Rettung, könnte man sagen. Das Parthenonmuseum am Fuß der Akropolis, nach langwieriger Planung 2009 eröffnet, bietet dafür die gereinigte Über-Version: Sein dritter Stock hat exakt die Maße und die Ausrichtung des Originals, um den antiken Marmorfries in ganzer Länge und in der originalen Reihenfolge zeigen zu können. Die 1801 abtransportierten Teile, die sich heute im British Museum befinden, sind so wenigstens als Repliken repatriiert. Das Museum hat fünf Millionen Besucher pro Jahr: Es ist ein Spiegel besonderer Art, ein Affirmationsapparat, der Unpassendes sehr effizient zum Verschwinden bringt – die moderne glitzernde Großstadt direkt darunter (durch große Sichtblenden vor den Fenstern unsichtbar gemacht) ebenso wie drei Jahrhunderte Osmanisches Reich und ein Jahrtausend Byzanz. In einer großen Vitrine ist im Parthenonmuseum auch ein weiteres Modell des kostbaren Heiligtums zu besichtigen, als Kopie in der Kopie: das Parthenon verkleinert nachgebaut in buntem Plastik. Nein, nicht mit Playmobil, das würde jetzt wirklich zu gut passen. Aber mit Lego.

Das neue Leben, das dem Überrest der Vergangenheit eingeflößt wird, ist über seine Bedürftigkeit definiert: Es braucht Ergänzungs- und Vervollständigungsvitamine. Das Parthenon ist auch dafür ein schönes Beispiel. »Die ganze anscheinend verworrene und schwer darstellbare psychische Situation«, hatte Sigmund Freud am Ende seines Briefes 1936 geschrieben, »löst sich glatt durch die Annahme, daß ich damals auf der Akropolis einen Moment lang das Gefühl hatte – oder hätte haben können: *was ich da sehe, ist nicht wirklich.*« Seit 2015 ist das Parthenon nachts in der neuen Beleuchtung eines eigens dafür engagierten französischen Architekturbüros zu sehen. Die Gerüste werden dadurch unsichtbar, während das Gebäude selbst über der Stadt zu schweben scheint, in Rosa, Grün und Orange, wie eine gigantische überzuckerte Eistorte. Was hätte Sigmund Freud dazu gesagt?

Alle Jahre wieder

Andere Sehenswürdigkeiten offerieren ihren Besuchern noch einmal andere Zeitordnungen. Warschau, Platz vor dem Königsschloss, 11 Uhr 15: Es ist ein kalter und trüber Dezembertag, aber über dem Haupttor des Schlosses öffnet sich ein Fenster. Ein Mann mit einer Trompete erscheint; er spielt eine Melodie, die von den Fassaden der Häuser gegenüber widerhallt.

Das geschehe jeden Tag, sagt meine Führerin. Der Mann spiele die Hymne der Stadt Warschau, immer um genau diese Zeit: Denn beim ersten Bombenangriff der Wehrmacht auf Warschau im September 1939 sei die Uhr auf der Fassade des Schlosses nach einem Bombentreffer auf 11 Uhr 15 stehengeblieben. Das Warschauer Schloss und die gesamte Altstadt wurden im August 1944 von der Wehrmacht systematisch zerstört. Heute, so erzählt meine Führerin weiter, hätten nur fünf Prozent der Einwohner der Stadt Vorfahren, die vor 1939 ebenfalls schon in Warschau gewohnt haben. Drei Viertel der 1,3 Millionen Stadtbewohner haben den Krieg nicht überlebt. Die Altstadt wurde zwischen 1949 und 1955 als minutiöse (und teilweise fiktive) Rekonstruktion wieder aufgebaut, das Schloss zwischen 1977 und 1988, aus privaten Spenden finanziert.[8] Seit dem Ende der kommunistischen Regierung 1989 wird jeden Tag um 11 Uhr 15 die Hymne von einem Trompeter gespielt.

Die stehengebliebene Zeit muss immer wieder neu in Bewegung gesetzt werden, damit die Geschichte nicht verschwindet: stillstellen und wieder starten, eine Hymne lang, vier Minuten ungefähr – bis zum nächsten Stillstand. Die Unterbrechung muss immer wiederholt werden, sonst würde sie ja selbst verschwinden: Wer die Zeit zum Zweck der weihevollen Erinnerung einmal stoppt, muss sie immer wieder stoppen. Bei welcher Strafe eigentlich, fragt man sich unwillkürlich, was würde geschehen, wenn der weihevolle Erinnerungsaugenblick unterlassen würde?

Es lohnt sich, sich in den Gassen rund um das Warschauer Schloss umzusehen. Die vor 60 Jahren rekonstruierten Altstädthäuser – wieder aufgebaut wurden nur vor 1850 entstandene Häuser – müssen jetzt selbst restauriert werden, deswegen sind viele Fassaden eingerüstet. Die damit beauftragte Firma heißt »Monument Service«; daneben begrüßt einen hinter einer mit Graffiti geschmückten Renaissancefassade der »Nike Flagship Store«. Ich bin Anfang Dezember dort; vor dem ebenfalls wieder aufgebauten Rest der mittelalterlichen

Warschauer Stadtmauer ist ein Weihnachtsmarkt aufgebaut, gestaltet als eine lange Folge verkleinerter Ritterburgen aus Holz, und es gibt Glühwein, Süßigkeiten und das Zeug in Rot und Glitzer, das es auf allen Weihnachtsmärkten gibt. Ich erinnere mich an den Tourismus-Planeten, den die Science-Fiction-Autorin Ursula LeGuin in einer ihrer Erzählungen beschrieben hat: Auf ihm können die Besucher an unterschiedlichen Destinationen dasjenige Fest feiern, das sie gebucht haben, und zwar jeden Tag. Auf der Weihnachtsinsel ist immer Heiligabend; auf der Osterinsel kommt jeden Tag der Osterhase, auf der Silvesterinsel wird täglich mit Champagner, Feuerwerk und guten Vorsätzen der Anbruch eines neuen Jahres gefeiert. Verwaltet wird der Planet von der »Great Joy Corporation«.[9]

In Warschau fühlt sich der Effekt dieser Geschichte etwas unheimlich an: Plötzlich sieht die ganze Altstadt wie eine Verkaufskulisse aus. Die unvorstellbar vielen Toten des Zweiten Weltkriegs sind verschwunden, dafür sind die schönen alten Häuser des 16., 17., 18. Jahrhunderts wieder da. Könnte es sein, denke ich, dass Altstädte – zerstörte und wieder aufgebaute wie Warschau und Münster und restaurierte und aufgeschönte wie Luzern und Bologna – eigentlich Weihnachtsmärkte sind, Planeten aus einer ironischen Science-Fiction-Erzählung, und ihren Besuchern ist es im Grunde völlig gleichgültig, aus welcher Zeitzone die von ihnen durchwanderten Straßen stammen, solange sie dort Lebkuchen, Glühwein und in Ostasien produzierte Turnschuhe kaufen können?

Denn Weihnachten ist dasjenige Fest, das ganz unverstellt eine fiktive nostalgische Vergangenheit erzeugt. Vor ländlichen Holzhäuschen im Schnee tummeln sich rotgekleidete Weihnachtsmänner, weißgoldene Engel, das Christkind und das Rentier mit dem Schlitten, plus blinkende blaurotweißgrüne Lichterketten und von innen beleuchtete überdimensionierte Schneemänner aus weißem Plastik: Als ob der Schnee alles gutmachen würde, wenn er einmal rechtzeitig käme. Weihnachten ist die rituelle Obsession mit der Nostalgie: Es verleiht dem diffusen Gefühl Ausdruck, das einem jene ländliche Idylle abhandengekommen sei, in der man aufgewachsen ist, eigentlich. Die Dekorationen erschaffen ein verschneites Wunderland, das gleichzeitig in Salzburg und Oberbayern (das blonde Christkind), Neu-England (Rudolph, das rotnasige Rentier), London (Kamine, Socken, Dickens), in Schweden und im Erzgebirge irgendwann im letzten Drittel des 19. Jahrhunderts angesiedelt ist. In ihm existieren die beiden Orte nicht, an denen die meisten Bewohner im 21. Jahrhundert den größten Teil ihrer Zeit verbringen, nämlich Fabriken und Büros. Dafür gibt es aber selige Infantilisierung als Pflicht. Kaum, dass Weihnachten vorbei ist, ist es den meisten Leuten peinlich. (Oder sie sind erleichtert.) Genauso unentrinnbar wird es elf Monate später wiederkommen.

Das Narrativ, auf dem der Tourismus beruht, ist das der Reise in die Zeit als Ort gesteigerter Empfindung; ein Ort, an dem der Besucher in die Vergangenheit eintauchen kann, ohne dass seine eigene Zugehörigkeit zur Moderne bedroht oder in Frage gestellt wird. Die besuchte Vergangenheit muss ausreichend Kontraste zum eigenen Alltag bieten, aber problemlos praktisch benutzt, besichtigt und fotografiert werden können. Das erzeugt Paradoxa: unsere eigenen Ursprünge, aber fremd und verlockend exotisch; das Parthenon als Geburtsort eines modernen westlichen Europa, das es aber gleichzeitig auszublenden hat; das wieder aufgebaute Warschau als Erinnerung an den nationalen Opfergang, in dem man sich gleichzeitig amüsieren und shoppen kann. Diese Widersprüche beeinträchtigen die Wirkung der Sehenswürdigkeiten nicht, sondern erhöhen sie nur. Erzählungen, das wissen die zuständigen Spezialisten aus der Literaturwissenschaft, sind umso stabiler, je mehr und je weiter auseinanderliegende Optionen und Gebrauchsweisen sie simultan an sich binden können.[10]

Das Fazit ist naheliegend: Alles, was einen Ort als Anfang und historischen Ursprung wirken lässt, ist später hinzugefügt worden. Sonst würde er für seine Besucher in der Gegenwart nicht funktionieren. Denn am Ort des historischen Ursprungs befindet sich gewöhnlich nichts – der Anfang ist ja vorbei, weg, vergangen. In den vorangegangenen Kapiteln haben wir eine ganze Reihe von Lokalaugenscheinen an solchen Orten gemacht, von mittelalterlichen Schlachtfeldern und Kathedralen bis zu nationalen Jubiläumsfeiern und den Inszenierungen von Unterhaltungsindustrie und Gegenkultur. Damit ein Ort zur historischen »Stätte« werden kann, die man besucht, um sich mit Frischem von früher aufzuladen und zu verjüngen, muss der Überrest, die Spur, das Monument wiederhergestellt werden, installiert und restauriert; und die dazugehörigen Geschichten müssen ständig neu aktualisiert werden, um wirksam zu bleiben.[11]

Das Ursprüngliche kann deswegen gar nicht anders sein als unsichtbar. Die intakte authentische Vergangenheit liegt als blinder Fleck im Wortsinn außerhalb all jener Verlustgeschichten, zu denen der Tourismus ein so intensives Verhältnis unterhält. Beim Reden über die Zerstörung des schönen Früher durch Modernisierung und touristische Erschließung wird stets stillschweigend vorausgesetzt, dass es einen

Punkt gegeben habe, von dem aus diese Schönheit – die intakte mittelalterliche Altstadt oder ihre Kathedrale, die alpine Landschaft, die Alltagskultur der Bauern und Fischer, der paradiesische Strand – unmittelbar und unvermischt wahrgenommen, beschrieben und dokumentiert werden konnte, in ihrer Reinheit und Vollständigkeit. Das ist mit dem melancholischen »noch« gemeint, das die Beschreibungen der Veränderungen durch Fremdenverkehr und Reiseführer seit mehr als 150 Jahren skandieren. Als Belege dafür – Belege für den Verlust, wohlgemerkt – werden dann Autoren von 1975 oder 1910, 1830 oder 1790 zitiert, die da waren, als der besuchte Ort noch echt war, authentisch, rau und unbefleckt schön. Seit es den organisierten Fremdenverkehr gibt, waren die Besucher überzeugt davon, nur noch die beschädigten Überreste eines einst viel eindrucksvolleren, aber inzwischen leider unwiderruflich zerstörten Gesamteindrucks vor sich zu haben.[12] Diese Vergangenheit als perfekte zerbrechliche Welt unter Glas hat aber nur im Blick zurück existiert: Sie ist immer schon verloren gewesen. Deswegen hat man auch so oft Heimweh nach Orten, an denen man noch nie war.

Ursprungserzählungen als Reden mit den Toten

Die Metapher ist so verbreitet, dass man aufgehört hat, sie überhaupt zu bemerken, und sie ist auf den vorangegangenen Seiten oft gefallen. Historische Ereignisse lebendig machen. Die Vergangenheit wiederauferstehen lassen. Mit dem Slogan »Geschichte zum Leben erweckt« werben zur Zeit ein Stadtrundgang am Frankfurter Römer, ein Schlossmuseum in der Niederlausitz und das Bourbaki-Museum in Luzern um Besucher, sagt mir eine zuvorkommende Suchmaschine, und die Liste ließe sich unendlich verlängern. Patrizierhäuser, Schlösser oder Panorama-Bilder aus dem 19. Jahrhundert sind nie lebendig gewesen, sehr wohl aber diejenigen, die sie bewohnt haben oder auf ihnen dargestellt sind: Es ist nicht schwer, in der Formel die banalisierte Version jenes gelehrten Versprechens wiederzuerkennen, mit dem Cyriacus von Ancona vor mehr als fünf Jahrhunderten die Aufmerksamkeit vermögender Gönner und Sponsoren auf seine besonderen Fähigkeiten im Umgang mit der Vergangenheit zu lenken versucht hat und von der im Kapitel 2 schon die Rede war. Er könne selbst die Toten wieder aus der Unterwelt holen und zum Sprechen bringen, hatte Cyriacus versichert – »zur glücklichsten Wiederherstellung der alten Zeiten«.[13]

Die Formel hat seither nichts von ihrer suggestiven Wirkung eingebüßt. Es gibt eine bekannte Anekdote, die den Mechanismus jedes Redens mit den Toten klarmacht. Sie stammt aber nicht aus dem 15., sondern aus dem 20. Jahrhundert. Während der Okkultismus-Begeisterung nach dem Ersten Weltkrieg traf der Entfesselungskünstler Harry Houdini 1922 auf Conan Doyle, den Autor des »Sherlock Holmes«, der fest überzeugt war von der Möglichkeit der direkten Verbindung mit der Vergangenheit durch übersinnliche Kräfte. Houdini war ein bekannter Skeptiker, und Conan Doyle hatte sich zum Ziel gesetzt, ihn von der Wahrheit der Kontakte mit dem Jenseits zu überzeugen. Auf einer spiritistischen Sitzung wurde Houdini mit Hilfe von Mrs. Doyle, die in Trance fiel, eine Nachricht von seiner verstorbenen Mutter überliefert. »Ich danke Ihnen«, diktierte sie in dem abgedunkelten Hotelzimmer der schreibenden Mrs. Doyle, »von ganzem Herzen… Mein einziger Kummer war, dass mein geliebter Sohn nicht wusste, wie oft ich ihm nahe war.« Doyle war begeistert.

Auch er, gab Houdini in einem Interview am Tag danach zu Protokoll, sei tief bewegt von diesem Erlebnis. Er sei das Kind ungarischer Einwanderer und heiße ursprünglich Erich Weiß; und seine Mutter habe in ihrem Leben nur Ungarisch gesprochen. Das habe er jetzt also erfahren, sagte Houdini: dass man, wenn man erst einmal tot sei, im Jenseits dann perfekt Englisch lerne.[14]

Denn die Toten reden selbstverständlich immer Englisch – das heißt, die Sprache des jeweiligen Publikums. Jede Wiederholung des Vergangenen ist das Produkt von sehr realer und in der jeweiligen Gegenwart stattfindender Arbeit; der von Mrs. Doyle, in unserem Beispiel. Die Formel von der Zwiesprache mit den Verstorbenen dient immer dazu, andere, sehr viel lebendigere Figuren verschwinden zu lassen. Das gilt auch für die akademische Geschichtswissenschaft, in der die Auferweckung und Befragung der verstorbenen Zeugen als rhetorische Technik eine lange Wirkungsgeschichte hat. »Freiwillig steige ich zu ihnen hinab und rufe sie an: Werdet ihr mir antworten, wenn ich sie frage?«

Nicht nur Gonzague de Reynold hat so geraunt; seine Formulierung lässt bewusst offen, an wen er sich eigentlich wendet. Die Auseinandersetzungen um Geschichtspolitik im 20. und 21. Jahrhundert sind mit großer Schärfe geführte Konflikte darum, wer das Recht hat, in der medialen Gegenwart – also jetzt – im Namen der Toten von früher zu sprechen. Die Vergangenheit ist das Äquivalent – die Chiffre, das Gefühlsfeld – für unabgegoltene Verbindlichkeiten: »Du bist den Toten« – sie werden gewöhnlich in der ersten Person Plural angesprochen, »unsere Toten« – »noch etwas schuldig«, lautet die Nachricht.[15] Wer behauptet, im Namen der Toten zu sprechen und das Leiden maltrātierter Menschen in der Vergangenheit zu empfinden und zu verkörpern, setzt aber sich selbst an die Stelle derjenigen, in deren Namen er oder sie auftritt. Substitution – ein bisschen wie bei den Humanisten vor fünf Jahrhunderten, die als zuverlässige Übersetzer ihrer antiken Autoritäten auftraten. Das kann, muss man aber nicht mögen.

Das Authentische erleben

Wenn aber die Toten stumm und abwesend bleiben und die Vergangenheit nicht mehr da ist, was ist dann mit dem Erleben und dem »Erlebnis« des Historischen gemeint, das in den Reiseprospekten und den Reiseberichten eine so zentrale Rolle spielt? Das Verb »erleben« steht für etwas, das nirgendwo anders stattfinden kann als im eigenen subjektiven Jetzt. Was Touristen am intensivsten besichtigen, sind ihre eigenen Empfindungen. Sie sind ganz unverstellt das eigentliche Reiseziel, wenn es um »Erleben« als einem vermeintlichen Zugang zu Ereignissen geht, die vor langer Zeit geschehen sind.

Organisiert wird dabei das Verhältnis zwischen der vertrauten Selbstwelt und der als echt, rau und ursprünglich imaginierten Fremdwelt, zur gegenseitigen Steigerung: ich intensiv im Echten. Auch in dieser Hinsicht sind Touristen die Nachfolger der Humanisten, die von ihren Vorgängern eine extrem geringe Meinung hatten und ihnen Leichtgläubigkeit unterstellten. Zugleich schrieben sie dem antiken Ursprung als Original maximale Authentizität und Wahrhaftigkeit zu – und sich selbst (und niemandem sonst) die Fähigkeit, diese Echtheit unmittelbar wahrnehmen, festhalten und wiedergeben zu können. Im Konzept des Erlebnisses ist dabei stets die Befürchtung mitenthalten, man habe es nicht intensiv und vollständig genug genutzt. »Perma-Adoleszenz« hat der Philosoph Mark Greif das genannt: Die Sehnsucht, die eigenen Jugenderfahrungen immer wieder neu wiederholen und erweitern zu können, gehe dabei mit dem melancholischen Gefühl einher, man habe das Echte, besonders Intensive auch diesmal verfehlt, schon wieder.[16]

Also noch einmal los? Mani, Peloponnes – ein Zipfel steiles Bergland, das ins Mittelmeer ragt, kleine Buchten, kurvenreiche Straßen. In Stoupa gibt es einen Sandstrand; im Juli vor allem von Gästen aus Großbritannien besucht, die mit rotem Kopf morgens um zehn in der heißen Sonne Bier trinken. Ein dünner, stummer Halbwüchsiger steckt farbige Flugblätter unter die Scheibenwischer der geparkten Wagen: Werbung für ein Restaurant im nächsten Dorf. »Experience the most authentic-traditional Greek cuisine!« Die pittoreske Landschaft, in der sich der Besucher bereits befindet, ist offenbar nicht griechisch genug: Das Angebot verheißt im Komparativ noch Echteres, Ursprünglicheres. Die Ferienwohnungen, die in den Dörfern und an den Buchten der kahlen wilden Berge von Mani neu errichtet werden, haben alle die Form der alten Wehrtürme, für die die Halbinsel berühmt ist. »Auf diese Weise«, sagt mein Begleiter gutgelaunt, »machen sie Mani immer manischer.«

Die touristische Geschichtsnutzung hat eine Reihe von Beschwörungsformeln, Zauberworten, magischen Versprechen. »Du darfst vergessen, dass die Vergangenheit vergangen ist«, lautet das Erste: »Es ist alles da, jetzt.« Die zweite Formel wird dagegen nur geflüstert, weil alle ihren Wortlaut kennen: »Aber das richtig Echte ist nur für uns.« Unendlich vervielfältigte Ingroup-Exklusivität inmitten des Reichs der *copia*,

13 »We never use the word authentic«. Anzeige, *London Review of Books*, September 2016

deutsch: Fülle. »We never use the word authentic«, verkündet die Anzeige des britischen Reisebüros, das in der *London Review of Books* für Urlaub in Griechenland und der Türkei für ein gebildetes akademisches Publikum wirbt. »Authentic« ist mit einem Sternchen versehen; darunter, kleiner gedruckt und augenzwinkernd: »Except on this occasion.«

Im Wunsch nach dem Authentischen steckt der nach dem unmittelbaren, intensiven ersten Mal, nach dem Angefasst- (und Überwältigt)-Werden durch das Echte. Damit ist nicht nur das antike griechische *authentès* als »eigenhändig, mit eigener Hand« gemeint, im Sinne eines juristischen Tatbestands. Die heutige Wortbedeutung kommt – woher sonst? – aus dem Mittelalter: Die kleinen Zettel, die seit dem 13. Jahrhundert den Reliquien, den kleinen Stückchen Knochen toter Heiliger, als Herkunftsnachweis und Beglaubigung beigelegt werden mussten, hießen *authentica*.

Authentizität bezieht sich seither immer auf die Möglichkeit der Vervielfältigung dessen, was da jeweils erscheint. Am besten kann man das mit den Alpen erklären. Natürlich könnte man einen formschönen, 4478 Meter hohen Zacken aus Granit errichten oder ein 114 Quadratkilometer großes und 214 Meter tiefes Becken ausheben und mit Wasser füllen; aber niemand macht das, weil es sehr viel Geld kosten würde. Deswegen sind das Matterhorn und der Vierwaldstättersee eben nicht authentisch, sondern einfach da. Das Authentische dagegen ist deswegen authentisch, weil es im Namen von Unmittelbarkeit und Intensität wiederholt werden kann. Das Wort sagt nichts über einen Gegenstand aus, sondern über den Prozess, der ihn erneut zur Verfügung stellt, durch technische (oder juristische) Verfahren zu seiner Vervielfältigung, die erst multiples Erscheinen ermöglichen.[17] Es verweist auf *copia*, Reproduktion und die Vervielfältigungsketten des Kopiert-Werdens und Weiterkopierens – und, in unserem Fall, auf die Bilder, die für die Dienstleistungen werben, das jeweilige einzigartige Echte zu sehen und zu konsumieren.

Das Außergewöhnliche der Attraktion verringert sich dabei dummerweise umso stärker, je intensiver sie als Reiseziel genutzt wird. Umgekehrt proportional dazu muss der Aufwand erhöht werden, mit dem dieses Einzigartige in der Selbstdarstellung und im Marketing der jeweiligen Attraktion – der Aussicht, der Altstadt, des Badeorts – hervorgehoben wird. Deswegen die Besorgnis touristischer Destinationen, sie könnten mit anderen Orten verwechselt werden. Das war schon mit Luzern, Thun, Genf und Montreux vor 150 Jahren so. Seither sehen sich Fremdenverkehrsorte gezwungen, sich unter Berufung auf ihre Authentizität und Unverwechselbarkeit unablässig selbst zu reproduzieren. Deswegen die Marketinganstrengungen, die sich der Einzigartigkeit der jeweiligen historischen Altstadt und der paradiesischen Insel widmen. Deswegen all die Schilder, die in den Ötztaler (oder Bündner, Südtiroler oder Kärntner) Alpen verkünden, dass man jetzt »im Herzen der Ötztaler Alpen« sei. Die Aufkleber auf den Panoramagondeln der neuen Seilbahn versichern einem dort erneut, dass man sich jetzt in eben diesem Ort (im Herzen des Ötztals, Graubündens usw.) befinde, und die Glasscheiben der Gondel sind mit einer halbdurchsichtigen Reproduktion eben jenes Gipfelpanoramas mit markantem Zacken verziert, das draußen gerade in den Blick kommt. Ich bin mir nicht so sicher, ob das von der Selbstsicherheit des zuständigen Fremdenverkehrsdirektors zeugt. Vervielfältigung erzeugt einen spezifischen Sog. Je intensiver das Authentische – die Geschichte, die Berge, die Strände, die Spezialitäten der lokalen Küche – als echt und »einmalig« angeschrieben wird, desto mehr drücken seine leeren Doppelgänger durch. Wenn sie lange genug angepriesen und beworben werden, verwandeln sich auch die allerechtesten Dinge in lackierte *eidola* – Simulakren, Trugbilder, leere Hüllen – ihrer selbst. Sogar griechische Lammkoteletts, Melitzanopitta und Souvlaki.

Natürlich ist das banal: Aber man kann etwas lernen im Land Banalistan, wenn man genau hinschaut. Für die Beschreibung dieser Phänomene ist Geschichte – vor allem die Geschichte des Fremdenverkehrs und der Vervielfältigungstechnologien – ziemlich nützlich. Gegenmittel stellt sie aber keine zur Verfügung, außer der Beobachtung, dass wenig so modern ist wie die Bezeichnung eines Produkts, einer Dienstleistung oder eines Rituals als »authentisch« oder »traditionell«. So wie die Industrialisierung, die Eisenbahn, die Fotografie und der bürokratische Nationalstaat das Mittelalter in dem uns vertrauten Sinn erzeugt haben, hat erst der Tourismus zusammen mit der Volkskunde der Industriegesellschaften den Begriff und die emphatischen Remakes des »Traditionellen« hervorgebracht. Vormoderne Gesellschaftsformen haben sich aus leicht nachvollziehbaren Gründen selbst weder als vormodern noch als traditionell beschrieben. Tourismus als Dienstleistung und Infrastruktur muss deswegen das »Traditionelle« so intensiv bewirtschaften, weil er selbst dessen genaues Gegenteil darstellt und das bevorstehende Verschwinden – nein: die Selbstkonservierung, die Verwandlung in eingekochte Marmelade dessen signalisiert, was da zur Besichtigung angeboten wird. Das Etikett des »Traditionellen« zur Kennzeichnung des besonders echten Alten lässt sich nach eineinhalb Jahrhunderten intensiven Gebrauchs heute an mehr oder weniger alles heften: Für die Kulturpolitik autoritärer politischer Regime ist das Wort ebenso tauglich wie für Werbekampagnen für neue Produkte und für den Protest dagegen. Selbstausgewählte Vorgeschichten zur eigenen Rechtfertigung und Legitimation braucht nämlich jeder. Mani, anders gesagt, ist überall.

Geschichte ganz persönlich

Dasselbe gilt auch für die touristischen Reinszenierungen der Vergangenheit, von denen in den vorangegangenen Kapiteln so ausführlich die Rede war. Damit sie als vermeintlich selbstverständlicher und unmittelbar verlässlicher Weg zurück auftreten können, als direktes »Erleben« eines auf wunderbare Weise wiederbelebten Früher, muss die Arbeit der Übersetzer und Berichterstatter unsichtbar gemacht werden, ebenso wie die Unterscheidung zwischen der auf immer unzugänglich gewordenen und unveränderbaren Vergangenheit und der neu hergestellten Geschichte.

Dabei steht die Personalisierung, die Möglichkeit des individuellen, persönlichen Nach-Erlebens im Zentrum der Bemühungen. Die Toten sollen nicht nur den Mund aufmachen und Auskunft geben, sondern ihr Publikum bitte persönlich adressieren. Gerade weil das ein unerfüllbarer Wunsch ist, muss er immer wieder eingefordert werden. Wenn die Toten dabei partout nicht antworten wollen, dann müssen eben die Besucher selbst deren Rollen übernehmen – Nach-Spielen im Namen gesteigerter Authentizität. Die touristische Nutzung von historischem Material beruht auf dieser Wiederabspielbarkeit: in eine Rolle schlüpfen, einen anderen Namen tragen. Das gilt nicht nur für das Nachspielen historischer Turniere oder mittelalterlicher Schlachten, sondern auch für jüngere Ereignisse: Die kommerziellen Ausstellungen über den Untergang der »Titanic« zum Beispiel geben beim Eintritt jeder Besucherin und jedem Besucher den Namen einer Passagierin oder eines Passagiers, auch den Kindern. Dasselbe tun die Ausstellungen im US Holocaust Memorial Museum – in diesem Fall eines oder einer jüdischen Deportierten. Erst beim Verlassen der Ausstellung erfährt der Besucher, ob sein historisches Alter Ego überlebt hat oder nicht.[18]

Aber was wird dabei gespielt? Machen wir einen letzten Ortstermin – nicht in einer berühmten, von Millionen Besuchern jährlich besichtigten Sehenswürdigkeit wie dem Parthenon, Notre-Dame de Paris, Venedig, Luzern oder Siena, sondern in einer der vielen hundert weniger spektakulären mittelalterlichen Altstädte, die es in Europa gibt. Stadtmauern aus dem Mittelalter wurden explizit dafür errichtet, die Bewegungsfreiheit (auch der Stadtbewohner selbst) einzuschränken, Zugang und Passagen strikt zu kontrollieren und im militärischen Ernstfall sicheres und effizientes Töten zu ermöglichen. Es gehört zu den Paradoxa des modernen Fremdenverkehrs, dass diese Strukturen seit 150 Jahren eine unwiderstehliche Anziehungskraft auf dieselben modernen Besucher ausüben, die ihr Recht auf eigene ungehinderte Bewegungsfreiheit so hoch schätzen. Deshalb kommen die meisten von ihnen heute auch mit dem Auto.[19]

Obidos in Portugal ist eine solche vollständig erhaltene, ummauerte kleine Stadt aus dem 13. Jahrhundert. Ebenso vollständig ist sie in eine touristische Infrastruktur umgewandelt worden: Auf der Stadtmauer kann man sie ganz umrunden, ein wenig Schwindelfreiheit vorausgesetzt, und den Blick über die Dächer, Kirchen und die umgebenden Hügel genießen. Hinter dem Bergfried versperrt, als ich die Stadt besuche, eine provisorische Absperrung den Weg. Auf einem auf Portugiesisch und Englisch beschriebenen Schild bittet der Verein »Óbidos Criativa« um Verständnis: Der Durchgang sei derzeit wegen »scenographic preparations« nicht passierbar. Im Burghof ist aus Holz ein Mittelaltermarkt errichtet worden, mit phantasievoll dekorierten Verkaufsständen für besonders mittelalterliche Produkte. Strohballen säumen eine sandbedeckte Fläche, auf der ein nachgestelltes Ritterturnier ausgetragen werde, verrät ein weiteres Plakat. Das komplett erhaltene Mittelalter ist nicht mittelalterlich genug und muss noch einmal intensiviert, belebt und bespielt werden. Historisch sind schließlich die Namen der Hotels der Stadt, alle in authentischen mittelalterlichen Gebäuden untergebracht, mit historischem Ambiente und vier Sternen: »Hotel

Real«, »Casa de Senhoras Reinas«, »The Literary Man«. Drum herum, in respektvoller Entfernung: viele, viele große Parkplätze.

Das Versprechen ist eindeutig: Die Vergangenheit, die du besichtigen und bewohnen kannst, wird dich in das verwandeln, was du immer schon gewesen sein wolltest – in eine Königin oder, je nach Vorliebe, in einen »literary man«. (Ein »Restaurant Pretentioso« gibt es auch.) Touristische Geschichtsnutzung beruht auf der beharrlichen Forderung, die Ereignisse in der fernen Vergangenheit nicht nur jetzt sehen und anfassen zu können, sondern auch von ihnen angesprochen zu werden und gemeint worden zu sein. Wie im Fall des engagierten Schweizer Politikers aus Kapitel 4, der seiner festen Überzeugung Ausdruck gab, wenn er damals gelebt hätte, hätte ihn der tapfere Walliser Kriegerbischof vor 500 Jahren mitgenommen in die Schlacht. »Er hat ja nur die besten Walliser mitgenommen.«

Wer selbst als Tourist unterwegs ist, hat wenig Grund, den Mann zu belächeln. Eine Vergangenheit, die mit ihm selbst nichts zu tun hat und in der er nicht vorkommt, ist für den Besucher im Retroland nicht etwa schwierig zu ertragen: Er kann sie sich gar nicht erst vorstellen. Touristen bestehen darauf, dass die Vergangenheit anderer Leute ihre persönlichen Erwartungen erfüllt – und das seit langer Zeit. Ein britischer Reiseführer von 1901 warnte seine Leser ausdrücklich vor dem Besuch des Ise-Tempels, weil die dortigen Priester auf die Bedürfnisse ausländischer Besucher keine Rücksicht nähmen. »Dort gibt es nichts zu sehen«, beschwerte er sich; »und nicht einmal das lassen sie einen besichtigen.«[20] Heute zeigt eine ganzseitige Werbeanzeige für ein teures Reisebüro (Motto: »Finest Travel«) in der Farbbeilage einer großen deutschen Tageszeitung gutaussehende Paare undefinierbaren Alters, wie sie im Süden bei Kerzenlicht zu Abend essen. Darunter steht: »Lifestyle, Genuss und Lebensfreude: Einzigartige Ich-Momente erleben.« Darüber, noch dicker gedruckt: »Ich reise, also bin ICH.« 2016 zeigten die Plakate für einen Schweizer Reiseveranstalter einen dunkelhäutigen Knaben im flachen blauen Wasser einer tropischen Lagune und verkündeten darüber: »Reisen ist die zukünftige Erinnerung an sich selbst.« Und das Stadtmuseum von Metz warb im Winter 2017 mit dem Foto eines gutaussehenden bärtigen Mannes in elegantem Businesshemd, aber mit eisernem Handschuh, dazu der Slogan »J'entre dans l'histoire« – »Ich trete in die Geschichte ein«.

Aber unterscheidet sich der Tourismus darin wirklich grundsätzlich vom Geschichtsgebrauch im bildungsaffinen öffentlichen Raum, an Gedenktagen und bei Festansprachen? Wenn dort vom Historischen die Rede ist, dann geschieht das sehr häufig in Form von Beschwörungsformeln über Besinnung, Herkunft und Identität, wie wir gesehen haben – oder, weniger freundlich ausgedrückt, als Huhu-Machen in ein großes, selbstgebautes Bedeutungsgewölbe. »Die Toten! Wir! Damals« – und der Sprecher lauscht dann gebannt seinem eigenen Echo. Die Vorstellung, dass ein Ereignis in der Vergangenheit nichts, einfach gar nichts mit seinem Nacherzähler und dessen Publikum heute zu tun haben könnte, ist undarstellbar und kann nur als obszön aufgefasst werden: Es muss doch Verbindungen geben von damals zu uns.

Wer das eigene Ich im Früher wiederfinden will, redet ziemlich schnell vom unverwechselbaren Echten, von seinen Wurzeln, seiner Herkunft und seiner Identität. Identität ist dafür schon deswegen so praktisch, weil sie in der Zwischenzone zwischen Selbstauskunft und Fremdbeschreibung angesiedelt ist und daher unfalsifizierbar. Niemand kann eine »falsche« Identität haben, wenn er oder sie auf ihr besteht. Bestimmte Identitäten sind freilich besser und attraktiver als andere: Aus dem geräumigen Fundus von historischen Ereignissen und Personen werden sie ausgewählt, herangezoomt und hochvergrößert. So werden Super-Ereignisse – bedeutsamer und gegenwartsrelevanter als ihre unpassenden Äquivalente – und Super-Personen – Vorbilder, Heldinnen und Helden – gewonnen. Sie dienen dazu, den Rest, nämlich die weniger passenden historischen Abläufe und Protagonisten, ebenso zum Verschwinden zu bringen wie die ganze Arbeit des Auswählens, samt den Kriterien, nach denen passendere von weniger passenden Vorgeschichten unterschieden worden sind.

Der Südtiroler Freund, dem ich erzählte, dass ich die Hässlichkeit der Touristenorte in den Bergen so faszinierend fände, die Inszenierungen der infantilen Embleme und den unerbittlichen Willen zum Kitsch, hat nur entschieden den Kopf geschüttelt. »Das kann ich nicht«, sagte er. »Weißt du, ich komme von dort. Ich weiß genau, was du meinst. Ich habe das immer gehasst, den Kitsch, die Inszenierungen, den pittoresken Alpentrödel. Aber es ist ein Teil von mir, ob ich will oder nicht.« Das Reden über Identität wäre also ein Versuch, sich von etwas Obszönem, Aufdringlichen und Deformierten loszumachen; von etwas, an das man gebunden ist und das unfreiwilliger Teil des Eigenen bleibt; nicht obwohl, sondern gerade weil man es verabscheut. Die Identität kann sich eben nicht gut konzentrieren und überall gleich stabil und solide sein. Am Rand und hinten franst sie immer aus. Deswegen ist Identität durchaus der Ausdruck einer

Sehnsucht, aber der Sehnsucht nach dem unwiderlegbaren Argument. Noch ein bisschen griffiger hat es der Philosoph Robert Pfaller ausgedrückt. »Niemand«, hat er geschrieben, »besteht nur aus der eigenen idiotischen Identität und aus nichts sonst.«

Zum Verschwinden gebracht werden muss in den Anrufungen der eigenen Identität von früher schließlich noch ein anderer Schrecken, den einem die Begegnung mit der Vergangenheit einjagt. Sehr viel von dem, was wir heute amüsiert und befremdet in Gemälden, Briefen, Fotos und Filmen aus der Vergangenheit betrachten, war einmal wichtig und eindrucksvoll. Die absurden Schamkapseln, Epauletten und Damenröcke, die lächerlichen Uniformen auf den alten Fotos und die fusseligen Frisuren aus den alten Fernsehserien – in ihrer eigenen Zeitzone haben sie alle sehr elegant und cool gewirkt. Wenn es eine Lektion aus der Geschichte des Alltags und des privaten Lebens gibt, dann ist sie ernüchternd. Diejenigen Empfindungen und Überzeugungen, die Menschen mit anderen teilen und als ihre tiefsten, ursprünglichsten und wahrsten ansehen, ändern sich am gründlichsten und schnellsten. Unbefleckte Empfängnis und Liebe zum allerhöchsten Kaiserhaus, Volksgemeinschaft und wissenschaftlicher Sozialismus, freie Liebe und freies Spiel der Marktkräfte: 30 Jahre später ist jedes dieser Konzepte nicht bloß rätselhaft, sondern bizarr geworden; nicht mehr nachvollziehbar, wie daran jemand je ernsthaft glauben konnte. Ist das auch die eigene, persönliche, authentische historische Identität?

Wer wo als Tourist auftreten und altes Zeug besichtigen kann, hat daher nichts mit der eigenen Herkunft zu tun. Es ist eine Frage der Reisekasse. Quer durch alle Altersgruppen und Nationalitäten, hat der indische Journalist Srinath Perur in einem schönen Buch über

Gruppenreisen angemerkt, vermittle Reisen erst einmal, dass man selbst erfolgreich und wohlhabend sei.[21] Die *Sex Pistols* haben das schon 1976 mit »Holiday in the Sun« formuliert: »I wanna see some of history / now that I got a reason out of economy.« Tourismus ist als Phänomen davon bestimmt, was er ausschließt: bezahlte regelmäßige Arbeit und den eigenen Alltag. Touristische Inszenierungen sind die modernen Äquivalente zu den Schäferidyllen der Vormoderne, in denen die Dichter und Theaterautoren das Leben der arbeitenden Landbevölkerung jahrhundertelang in verkitschten erotisierten Stereotypen dargestellt haben – nicht obwohl, sondern weil sie sehr genau wussten, dass Bauern und Hirten unter sehr anderen Bedingungen lebten und in ganz anderen Sprachen redeten. Der Traum von der geordneten Ständegesellschaft spukt weiterhin ebenso durch die touristischen Wunderwelten wie sein Gegenteil: Die romantische Vision, sich selber in den edlen Wilden, kernigen Bergler oder kultivierten Schriftsteller zu verwandeln, die man im Sehnsuchtsland vermutet. Beides geht dann am besten, wenn die Leute, die am Touristenziel wohnen, sehr viel niedrigere Löhne erhalten als man selbst – ein Viertel vielleicht, ein Zehntel ist noch besser. Es ist diese Differenz, die alle Besucher wie durch Zauberhand in reiche Leute verwandelt, in Nachfolger jener Adeligen von früher, die jetzt eine geträumte Vergangenheit ihrer Wahl besichtigen können.

Welche Schlüsse lassen sich daraus ziehen? Offenbar halten wir es schlecht aus, dass die Vergangenheit ein für immer unbetretbares Land ist, unwiderruflich verschwunden, futsch. Souveräner wäre es, das Vergangen-Sein der Vergangenheit zu akzeptieren, die Verluste inbegriffen, und nach den Freiräumen zu fragen, die sich daraus ergeben – nach dem Platz für das Neue. Auf meinen eigenen Reisen habe ich immer wieder die Erfahrung gemacht, dass ich aus Neuem und Vergänglichem mehr lerne und größeres Vergnügen ziehe als aus historischen Sehenswürdigkeiten. Das Banale, Kommerzielle und Nachgemachte ist ebenso reich an Information und Bedeutung wie das vermeintlich alte Echte – einfach, weil es da ist.

Das Echteste am Reisen, dasjenige, das am intensivsten mit der eigenen Herkunft verbunden ist und aus dem man am meisten über sich selbst lernt, sind ohnehin nicht die Überreste der Vergangenheit. Sondern die anderen Touristen. Dabei reden wir Reisende über wenige Dinge so ausdauernd schlecht und böse wie über diejenigen, denen wir am Ziel ihrer Wünsche begegnen und die dort dasselbe tun wie wir. Das ist Enzenbergers langer Schatten: Der zur Industrie gewordene Fremdenverkehr muss zu seinem eigenen Erfolg eine zwiespältige Haltung einnehmen. Reiseführer in Auflagen von vielen zehntausend Stück erzählen standhaft von »exklusiven« Sehenswürdigkeiten und »Geheimtipps« – als ob jeder Leser ihr Einziger wäre. Andererseits prahlen dieselben Fremdenverkehrsprospekte mit dem Erfolg bei anderen Besuchern: »die beliebte Familiendestination«, »weltberühmt«. Die vielen Hunderttausend, die jedes Jahr zum Karneval in Venedig anreisen, können sich nicht irren. Und tatsächlich finden sie ja an der kalten Lagune das Authentische, das sie gesucht haben und sehen wollten, nämlich all die anderen Besucher.

Der Tourist will, um mir eine schöne Formulierung von Franz Schuh zu borgen, sich im Wesentlichen von sich selbst erholen. Dazu braucht er das Versprechen der Gegenwart des Vergangenen – das Echte, Unmittelbare, das angeblich nur für einen selbst da ist. Fahren die Leute deswegen so beharrlich in den Urlaub, immer und immer wieder, weil das immer nur so halbwegs zu haben ist? Um Vergnügen geht es dabei, habe ich zu Beginn geschrieben; aber dieses Vergnügen ist eine ernste Angelegenheit: Es macht unzufrieden, aber auf die richtige Weise, als Lustgewinn. »Reisen«, lässt die amerikanische Schriftstellerin Nell Freudenberger in ihrem Roman »Lucky Girls« eine indische Haushälterin nüchtern resümieren, »ist etwas für Leute, die nicht wissen, wie man glücklich ist.« Mit der Sehnsucht nach dem Authentischen von früher ist es genauso.

Nachwort

Jetzt, ganz am Schluss, kann ich es ja verraten. Das Paradies gibt es wirklich. Es ist ein kleines Bergdorf am äußersten südwestlichen Zipfel des Peloponnes: Paradeisi. Ein weiterer Ort mit dem verlockenden Namen Metamorfosis liegt nur eine halbe Autostunde weiter nördlich. An beiden Orten bin ich nicht gewesen, ich habe sie nur auf der Karte entdeckt.

Denn natürlich sind diejenigen Orte das perfekte Ferienziel, an denen man noch nicht war. Das Gefühl des intensiven Authentischen, das einem zum Beispiel eine gut in Schuss gehaltene griechische Insel bei der Ankunft vermittelt, verflüchtigt sich im Lauf der ersten zehn Tage ziemlich rasch. Schöne alte Häuser, Esel, Olivenbäume und ein Panorama kahler Inseln am Horizont: ein Weitdraußen, in dem nichts geschieht. Das Osmanische Reich hat im 16. und 17. Jahrhundert politisch missliebige Dichter unter anderem auf ägäische Inseln verbannt, in die stillgestellte Zeit. Möglicherweise sind wir, die Reisenden, ihre Nachfolger. Nach Besichtigung jedes alten Steinbrockens, den die Insel zu bieten hat, steht man dann am Meer herum, wie die verbannten Dichter, und wartet darauf, verändert zu werden. Passiert aber nicht.

Meine Tochter hat den Vormittag am Strand verbracht, durfte in der Mittagshitze dann Zeichentrickfilme schauen, ist nach Verfolgungsjagden und Wasserschlachten mit den anderen Kindern im Garten abgeduscht und in ein großes trockenes Handtuch gewickelt worden und setzt sich mir jetzt auf den Schoß. »Mir«, sagt sie vorwurfsvoll, »ist langweilig.«

»Siehst du«, sagt unser griechischer Gastgeber, »das ist das Paradies. Das Paradies ist langweilig.«

Dank

Teile der Kapitel 1, 4, und 5 sind in anderer und kürzerer Form erschienen in dem von Thomas Steinfeld herausgegebenen Sammelband »Die Zukunft des Reisens«, S. Fischer Verlag 2012, außerdem im Heft 171 (November 2016) der Zeitschrift *wespennest* und im *Merkur* Nr. 815 (April 2017).

Der Schweizerische Nationalfonds hat zwischen 2013 und 2016 das Forschungsprojekt »Touristischer Geschichtsgebrauch« ermöglicht, ohne das dieses Buch nicht entstanden wäre. Ebenso notwendig und hilfreich waren die Einwürfe, Hinweise und kritischen Kommentare von Freundni und Kollegni (polnisches Gendering)[1]; besonders Gion Caminada, Andreas Cremonini, Laura Fasol, Beate Fricke, Monika Dommann, Silvia Hess, Sibylle Hoimann, Felicitas Hoppe, Anton Holzer, Vaios Karavas, Matthias Noell, Christoph Luzi, Pedro Martins, Leonie Maya Mathis, Susanna Ramminger, Monika Rinck, Daniel Speich, Simon Teuscher, Laurent Tissot, Felix Thürlemann, Bernhard Tschofen, Matthias Wittmann und den neugierigen und widerspenstigen Studentni in meinen Seminaren. Ihnen allen möchte ich danken.

Dieses Buch ist für Saskia, mit der ich immer in die Gegenwart fahre.

Anmerkungen

1 Wo die Vergangenheit noch ein Erlebnis ist: Reise als Zeitreise

1 Enzensberger/Schlak, Ausland, S. 10.

2 Zitate: Bordmagazin Fluglinie Swiss, November 2017, S. 82 ff. – all das finde man am Bielersee. Die geträumte Zeitreise in die Zukunft ist vor allem ideengeschichtlich wirksam gewesen; siehe Kapitel 3. Als touristisches Angebot war sie kommerziell weit weniger erfolgreich als die Besichtigung von vermeintlich vergangenen Zuständen – dazu Fenske, Abenteuer; Kühberger/Pudlat, Vergangenheitsbewirtschaftung; Schnepel/Knoll; Reznik, Vergangenheit.

3 Alle Zahlen nach »Tourism Highlights« 2016, hg. von der in Madrid ansässigen World Tourism Organisation UNWTO; abrufbar unter *http://www.e-unwto.org/doi/book/10.18111/9789284418145*. Zu den methodischen Schwierigkeiten mit den Zahlenangaben der WTO siehe Hess, Zahlen, S. 153–162; vgl. Scheppe, Migropolis, S. 512 f., und d'Eramo, Welt, S. 12–16.

4 Urry/Larsen, Tourist Gaze 3.0; Meethan, Tourism; Boyer, Histoire; Duhamel, Tourismes 1; Ceriani, Tourismes 2; für Deutschland der Überblick von Fabian, Boom, und Hachtmann, Tourismus-Geschichte; für die Schweiz Tissot, Naissance und Charbon, Schweiz; Bachleitner, Tourist.

5 Stasiuk, Flugzeug, S. 54.

6 Lowenthal, Taking, S. 205–218.

7 Leniaud/Perrot, Sainte-Chapelle; Cohen, Sainte-Chapelle.

8 Koselleck, Zukunft; ders.: Zeitschichten; für eine detailliertere Übersicht siehe Groebner, Geschichtsgebrauch, S. 409 ff.

9 Benjamin, Tagebuch, S. 443. Zu dieser Passage und zu Benjamins Geschichtskonzeption gibt es eine breite Forschungsliteratur; einen Überblick liefert Kramer, Benjamin, S. 116–124.

10 Dazu sehr detailliert Koschorke, Wahrheit.

11 Hardtwig/Schug, History; Korte/Paletschek, History; Assmann, Schatten; Dies, Geschichte.

12 Jenkins u. a., Manifestos; mit ähnlicher Ausrichtung Cannadine, History and the Media; mehr bei Groebner, Geschichtsgebrauch.

13 Daugbjerg u. a., Re-enacting; McCalman/Pickering, Reenactment; Sieber, Reenactment; Willner u. a., Doing History.

14 Anders im angelsächsischen Sprachraum; siehe etwa bereits Hewison, Heritage Industry, und Samuel, Theatres, die beide umfangreiche akademische Debatten ausgelöst haben; Watson, Touring; Baranowski/Furlough, Being Elsewhere; Kostiainen/Syrjämaa, Touring the Past.

15 Die drei Bände »Deutsche Erinnerungsorte«, 2001 von Etienne François und Hagen Schulze publiziert, verstanden sich als ein Kompendium populärer Geschichtsbenutzung. Sie dokumentierten Material »von ganz unterschiedlichem Gewicht, oft furchtbar trivial«, schreiben die Herausgeber in ihrer Einleitung, das aber »dennoch ein Netz von materiellen und immateriellen Erinnerungsfäden« darstelle. Von der touristischen Nutzung ist dabei nur ganz am Rand die Rede. Das ist auch im französischen Vorbild so – François/Schulze, Einleitung, in: Dies, Erinnerungsorte, Bd 1., S. 16; Nora, Lieux.

16 Etienne François: Oberammergau, in: François/Schulze, Erinnerungsorte, Bd. 3, S. 291; Prost, Verdun, S. 270; Groebner, Geschichtsgebrauch.

17 Bloch, Apologie, S. 50 f.

18 »Der Tourist«, hatte Enzensberger 1958 bemerkt, »zerstört, was er sucht, indem er es findet.« Siehe dazu Ders., Schimpfen S. 149.

19 Vgl. Frevert/Schmidt, Geschichte, die aber keine Angaben darüber machen, wer da jeweils sein Fühlen wem vorzeigt.

20 Pfaller: Zweite Welten, S. 98; Ders., Illusionen, etwa S. 11, 14, 20; aus sozialwissenschaftlicher Perspektive klassisch Davidson, Third-Person Effect.

21 Groebner, Mittelalter. Der Titel war ironisch gemeint; das ist nicht durchgängig so angekommen.

22 Sabrow, Sehnsucht, S. 768 f.

2 Sacri Monti: Pilger, Humanisten und Fremdenführer in die Vergangenheit

1 Giuliani, Rezension; Wyss, Vasari; Nagel/Wood, Anachronic Renaissance, S. 219 f.

2 Nagel/Wood, Anachronic Renaissance, S. 195–200.

3 Esch: Rom, S. 192 ff.; zur Scala Santa Nagel/Wood, Anachronic Renaissance, S. 201.

4 Nagel/Wood: Anachronic, S. 202 ff. und 215.

5 Ebd., S. 56–61 und 168.

6 »Nil vidi unquam magis religiosum, magis devotum, quod corda magis compungeret, quod caeterea omnia negligere et solum Christum sequi compelleret.« Zitiert nach Göttler, Last Things, S. 85; siehe auch Dies., Temptation; Nova: ›Popular Art‹; Panzanella, Pilgrimage in Hyperreality; Lasansky, Body Elision.

7 Lasansky, Body Elision, S. 265 und 266.

8 Göttler, Last Things, S. 85–107.

9 Dazu eingehend Lasansky, Body Elision, S. 258 ff., und Göttler, Last Things, S. 82 ff.

10 Karmon, Sacro Monte, S. 70 f.

11 Federico Zuccari: Il Passagio per Italia (1607), zitiert nach Karmon, Sacro Monte, S. 72.

12 Zur humanistischen Rhetorik Grafton, Alberti; Wood, Replica, S. 255 f. Zur Wirkungsgeschichte in der Moderne siehe Masse, Renaissance, und Hönes u. a., Renaissance.

13 Esch, Rom, S. 209 f.

14 Karmon, Ruin, S. 18 f.; Anthony Grafton: The Ancient City Restored, in: Ders.: Bring Out, S. 31–61.

15 Nagel/Wood, Anachronic Renaissance, S. 168 ff. Zu Albertis vielen Arbeitsfeldern siehe Grafton, Alberti; zu den Vervielfältigungsketten rund um die Grabkopien Pieper u. a., Jerusalemskirchen.

16 Oder lautstarke Propaganda: Die Tafel wird im Reisebericht des Nürnbergers Niklaus Muffel von 1452 beschrieben; sie sei an der Decke derselben Kirche angebracht – Nagel/Wood, Anachronic Renaissance, S. 219 ff. Siehe auch die Beiträge in Hamm/Kaufmann, Humanisten.

17 Wood, Replica, S. 259 und 366; siehe auch Anthony Grafton: A Contemplative Scholar: Trithemius Conjures the Past, in Grafton, Worlds, S. 56–77.

18 »Defuncta jacebant, ex ea demum arte diva iterum vivos inter homines ad

lucem ab orco revocata vivent felicissima temporis reparatione.« Zitiert nach Brown, Venice, S. 306; Wright, Belozerskaya.

19 Wood, Replica, S. 272; Esch, Rom, S. 207.

20 Tschudi, Baroque Antiquity.

21 Wood, Replica, S. 139.

3 Eisenbahn, Fotografie, Grand Hotel

1 Der Brief an Ulrike von Kleist vom 1. Mai 1802 ist abgedruckt in Ilse-Marie Barth u. a. (Hg.): Heinrich von Kleist. Sämtliche Werke und Briefe, Frankfurt am Main 1987–1992, Bd. 4, S. 306; instruktiv dazu Bisky, Kleist, S. 151–172, und mit ganz anderem Blick auf Schönheiten im Thunersee S. 224 f.

2 Ganz, Rundbild; Giezendanner, Rundherundherundherum.

3 Seume, Spaziergang, S. 125 f., 154, 160.

4 Ebd., S. 332 und 333 f. Die Eidgenossenschaft war 1798 durch französische Truppen besetzt worden; ein souveräner eigener Staat wurde sie erst wieder 1815.

5 Zum Fotografen siehe Heilbrun, Nègre, und zuletzt die Beiträge bei Hagner u. a., Nègre. Zum Foto und zur Geschichte von Notre-Dame Camille, Gargoyles, S. 223 ff.

6 Moeglin, Bourgeois.

7 Camille, Gargoyles, S. 3–50, zu Meyron ebd., S. 201–222; Le Men, Notre-Dame; danke für den Hinweis an Matthias Noell.

8 Zitiert nach Camille, Gargoyles, S. 223.

9 Cohen, Visiter Notre-Dame, S. 504 f.

10 Valance, Haussmann; Jordan, Neuerschaffung.

11 Kennel, Charles Marville; zu Zürich Fischli, Geplante Altstadt, S. 17 ff.

12 Diese besondere Fähigkeit der neuen Technik hatte bereits der Bericht an die Pariser Académie des Sciences 1839 hervorgehoben; siehe Stiegler, Theoriegeschichte, und Noell, Denkmalsammlungen.

13 Ruskin: Of Mountain Beauty (1856), in ders., Modern Painters, S. 455 f., meine Übersetzung.

14 Robida, Suisse, S. 100 f.

15 Holmes, Spiegel, S. 38 f.

16 Thürlemann, Haremsfenster; Jacobson, Odalisques.

17 Heilbrun, Nègre, S. 27 und 36.

18 Gérard de Nerval: Œuvres, Bd. 1, Paris 1960, S. 934 f. und 915, zitiert nach Mitchell, Welt.

19 Flaubert, Voyage, S. 96–97; siehe dazu von Brevern, Flaubert. Die Deutsche Ausgabe des Bandes von Gustave Flaubert: Die Reise nach Ägypten 1849–1850, Berlin 2011. Die Auflage folgt der Ausgabe von 1918 und ist stark gekürzt.

20 Mitchell, Welt, S. 172 f.; Stiegler / Thürlemann, Orientbilder; Enard, Kompass, S. 280 f.

21 Zelger, Luzern, S. 73 und 77; Riedo, Luzern, S. 150.

22 Hermann, Löwendenkmal; Bürgi, Bilderfabrik.

23 Zu ihrer Geschichte Omachen, Touristenstadt.

24 Henry James: The Old Saint-Gotthard, in: Ders., Travel Writings, S. 377 f.

25 Wyss, Luzern; Schumacher, Geschichte, S. 200–213.

26 H. A. Berlepsch: Luzern und der Vierwaldstätter-See. Ein Wander-Buch für die Pensions-Gäste und alle Alpenfreunde in der Urschweiz, Luzern 1871; eine englische Ausgabe erschien 1876. Zitiert nach Fasol, Stadtgestalt, S. 117 ff.

27 Theodor von Liebenau: Das alte Luzern, Luzern 1881, S. 1.

28 Ich stütze mich hier auf die ausführliche Darstellung bei Fasol, Stadtgestalt, vor allem S. 160–175.

29 Wyss, Luzern, Inventar, S. 384.

30 *https://www.steigenberger.com/hotels/alle-hotels/deutschland/konstanz/steigenberger-inselhotel?utm_medium* (aufgerufen am 5. September 2017).

31 Wyss: Luzern, Inventar; Hesse, Fassadenmalerei; Casutt u. a., Kriens – Kairo.

32 Mitchell, Welt; Thürlemann, Haremsfenster, S. 69–119; ders., Observing, S. 17–19.

33 Siehe Carqué u. a., Visualisierung; Groebner, Mittelalter, S. 85 ff.; zu Basel Vincken, Zone Heimat.

34 Tragbar, Dante; Vincken, Zone Heimat. Zu ähnlichen Kampagnen zur »Reinigung« historischer Stadtbilder für den Fremdenverkehr Hagen, Most German.

35 Fasol, Stadtgestalt, S. 168.

36 Wyss, Luzern, S. 32; von Moos, Nicht Disneyland; Badran, Gaffer.

37 Omachen, Luzern; Flückiger-Seiler, Hotelträume.

38 Bauer, Blühendes Geschäft.

39 Michael, Oper; Abbate / Parker, Geschichte; Zalfen, Zeitmaschine Oper.

40 Liessmann, Zeitreisen, S. 215 ff.

41 Bürgi, Bilderfabrik, S. 27 ff., 50 f. und 65 f.; *Manchester Guardian*, 5. Dezember 1898, zitiert nach Fasol, Stadtgestalt, S. 168.

42 Twain, Bummel, S. 791–809, Zitat S. 808; Badran, Gaffer, S. 57.

43 Twain, Innocents; ders., Yankee.

44 Alle klassischen Texte zur Denkmalpflege zitieren Plutarchs Erzählung von

dem Schiff, mit dem der mythische Athener Held Theseus auf seiner erfolgreichen Befreiungsexpedition nach Kreta gesegelt sein soll. Nach seiner siegreichen Rückkehr sei dieses Schiff als Siegesdenkmal noch Hunderte von Jahren in Athen zu sehen gewesen. Immer dann, wenn eine der hölzernen Schiffsplanken verfault gewesen sei, schreibt Plutarch, hätten die Athener sie durch neue, dickere ersetzt, so dass das Schiff ein beliebtes Argument in den Streitgesprächen der Philosophen über Veränderung wurde. Die einen sagten, dass das Schiff immer gleich bleibe, während die anderen sagten, dass es nicht mehr dasselbe sei. Der Dissens indes machte das Schiff als Wahrzeichen von Athen noch wirkungsvoller.

45 Zu kritischen zeitgenössischen Reaktionen siehe Vera Bueller: Unter der Kapellbrücke weinen die Krokodile, in: *Die Weltwoche,* 26. August 1993, und Niklaus Meienberg: Ein rentabler Brand in Luzern (1993), in ders.: Reportagen, Bd. 2, Zürich 2000, S. 464–474; Stadt Luzern (Hg.): Kapellbrücke und Wasserturm: Der Wiederaufbau eines Wahrzeichens im Spiegel der Restaurierung und Forschung, Luzern 1998; Horat, Bilder.

46 Die Zahlenangaben zu den Tagestouristen weichen je nach Quelle voneinander ab; zu den genauer erfassbaren Übernachtungen siehe das Statistische Jahrbuch des Kantons Luzern, *www.lustat.ch* (Stand 2015) und das Schweizerische Bundesamt für Statistik: *www.bfs.admin.ch/bfs/de/home/statistiken/tourismus.html* (aufgerufen am 8. September 2017). An anderen Orten sind die Zahlen noch extremer: Das historische Zentrum von Venedig hat etwas über 50 000 Einwohner und zwischen 25 und 30 Millionen Besucher pro Jahr; der Mont St. Michel 3,5 Millionen Besucher und 40 Bewohner.

4 Geschichte wiederholen: Identität aus dem Mittelalter

1 Reynold, Städte, in Auszügen abgedruckt in Riedo, Luzern, S. 140–142. Der Text erschien erstmals 1920 auf Französisch; für die deutsche Übersetzung wurde er überarbeitet und erweitert.

2 Aram Mattioli, Demokratie.

3 De Reynold, Städte, S. 215. Dazu Hess, Morgarten, Das Erbe der Wörter.

4 Zu Inglin Marchal, Gebrauchsgeschichte, S. 141 f.; siehe auch Bundi, Landschaft; Hess, Morgarten, wie Anm. 3; Blatter/Groebner, Tell, S. 113.

5 Schweizer, Nationalsozialistische Geschichtsbilder; siehe auch Katrin Minder, Die 1000-Jahr-Feier der Stadt Merseburg 1933, in: Müller, Jubiläum, S. 369–389.

6 Zu den (unterschiedlich erfolgreichen) »Heiligen Jahren« im 14. und 15. Jahrhundert zuletzt Esch, Rom, S. 128–140; Müller, Jubiläum, darin Rousseaux, Jubiläumskultur, S. 349–367; Sabrow, Jubiläumsreigen, S. 44 ff.

7 Feger, Konzil; zu den Feierlichkeiten 1964/65 jetzt ausführlich Luzi, Konzilsbilderfabrik Konstanz, S. 166–194.

8 Frefel, Luzern feiert; Capitani, Stadtjubiläum.

9 Von Moos, Nicht Disneyland, S. 65.

10 Frefel, Luzern, S. 100.

11 Hess, Morgarten, Schulreise 1965.

12 Zu den heftigen Debatten um die geplante 700-Jahr-Feier siehe die Dokumentation von Fredi Lerch und Andreas Simmen (Hg.), Der leergeglaubte Staat. Kulturboykott: Gegen die 700-Jahr-Feier in der Schweiz, Zürich 1991; Arnold, Landi; Liehr, Skandal & Nation, S. 361 ff.

13 Arnold, Landi, S. 101.

14 Bundesrat Ueli Maurer am 21. Juni 2015 anlässlich der Jubiläumsfeiern »700 Jahre Schlacht am Morgarten«, vollständiger Text unter *https://www.admin.ch/gov/de/start/dokumentation/medienmitteilungen.msg-id-57763.html* (aufgerufen am 15. September 2017).

15 Müller, Jubiläum, S. 7; Sabrow, Jubiläumsreigen, S. 51.

16 Zitiert nach Marchal, Gebrauchsgeschichte, S. 21; dort auch eine ausführliche Interpretation dieser Passage.

17 Groebner, Identität.

18 Rousseaux nennt das in seiner Untersuchung der Jubiläen »additive Konstanz«. Einmal eingeführte Elemente werden deswegen beibehalten: einmal Festrede, immer Festrede; einmal historischer Umzug, immer historischer Umzug. Zum Repertoire der 1890er und 1930er Jahre sind seit den 1990er Jahren die Mittelaltermärkte dazugekommen. Rousseaux, Jubiläumskultur, S. 366. Zu den historischen Jubiläen in Portugal siehe Martins, History, S. 329–346.

19 Karnevalsmasken sind in Venedig zum ersten Mal im 13. Jahrhundert belegt, die Umzüge und Feste hatten aber im Mittelalter und in der Frühen Neuzeit einen sehr anderen Charakter als heute; die rituelle Tötung eines Stiers, Tierkämpfe und Theatervorstellungen standen im Zentrum. Das Fest in seiner heutigen Gestalt wurde zum ersten Mal 1867 nach dem Anschluss Venedigs an Italien abgehalten: Erklärtes Ziel der Organisatoren war dabei, »Fremde anzuziehen, die Geld bringen«. Birgit Weichmann: Fliegende Türken, geköpfte Stiere und die Kraft des Herkules, in: Michel Matheus (Hg.): Fastnacht/Karneval im europäischen Vergleich, Stuttgart 1999, S. 195 f., und Gilles Bertrand: Histoire du carnaval de Venise, Paris 2013. Erfolgreich wiederbelebt wurde der Karneval erst Ende der 1970er Jahre im Kielwasser von Federico Fellinis Film

»Casanova« von 1976 und mit expliziter Förderung durch die offiziellen Fremdenverkehrsagenturen.

20 Silverman, Uses of History; Park, Passion; Mugnaini, Carnevale.

21 Sablonier, Vaterländische Schatzsuche; zu den Funden von 2015 siehe *https://www.srf.ch/sendungen/einstein/einstein-spezial/einstein-spezial-neue-funde-zur-morgartenschlacht* und die nüchterne Analyse von Anette Jeanrichard, Stefan Hochuli und Eva Roth Heege: Resultate der archäologischen Prospektion »Morgarten 2015«, und Annina Michel: Ausgrabungen am Morgarten. Zwischen Forschung und Schatzsucherei, in: *Mitteilungen des historischen Vereins Schwyz* 108 (2016), S. 37–51.

22 De Reynold, Städte, S. 215 f.

23 Wüthrich, Mythos Marignano; Emil Dürr: Die auswärtige Politik der Eidgenossenschaft und die Schlacht bei Marignano, Basel 1915; Theodor Rimli (Hg.): 650 Jahre schweizerische Eidgenossenschaft, Zürich 1941, S. 160–167; vergleiche die Wortwahl bei Markus Somm: Eine wunderbare Niederlage, in: *Das Magazin*, 18. September 2015, und ders.: Marignano. Die Geschichte einer Niederlage, Zürich 2015.

24 Der Walliser Präfekt Herbert Volken im Dokumentarfilm von Roland Huber: »Das Schlachtross des Papstes«, Schweizer Fernsehen, ausgestrahlt am 10. September 2015, *https://www.srf.ch/sendungen/dok/das-schlachtross-des-papstes* (aufgerufen am 18. September 2017).

25 Martins, History, S. 313–318.

26 Dazu mit vielen weiteren Beispielen etwa Weisl, Persistance; Nicholas Haydock: Movie Medievalism: The Imaginary Middle Ages, Jefferson 2008; Andrew B. R. Elliott: Remaking the Middle Ages: The Methods of Cinema and History in portraying the Medieval World, London 2011; zu den politischen Indienstnahmen Falconieri, Medioevo Militante.

27 Martins, History, S. 319–322

28 Zitiert nach Friedrich Wilhelm Graf: Luthergedenken? in: *Merkur* 804 (Mai 2016), S. 53.

29 Stefan Rhein: Am Anfang war Luther. Die Personengedenkstätte und ihre protestantische Genealogie, in: Anne Bohnenkamp (Hg.): Häuser der Erinnerung. Zur Geschichte der Personengedenkstätte im 19. Jahrhundert, Leipzig 2015, S.59–70; Matthias Noell (Hg.): Weiterbauen, weiterdenken. Neue Häuser für Martin Luther, München 2017.

30 *http://www.geo.de/geolino/wissen/16601-rtkl-eine-million-figuren-martin-luther-ist-die-beliebteste-playmobil-figur* (aufgerufen am 20. September 2017).

31 *https://www.domradio.de/themen/kultur/2017-10-14/wie-luther-zur-erfolgreichsten-playmobil-figur-aller-zeiten-wurde* (aufgerufen am 21. Oktober 2017).

32 Luzi, Konzilsbilderfabrik, S. 204 f.; ausführlicher dazu *www.youtube.com/watch?v=5OaJC_1AuHs* und *www.bistum-essen.de/presse/artikel/playmobil-aebtissin-trifft-spielzeug-luther/* (beide aufgerufen am 22. September 2017).

33 Stiegler, Spuren, S. 166 f.; zur Motivgeschichte W.J.T. Mitchell: The Last Dinosaur Book: The Life and Times of a Cultural Icon, Chicago/London 2007.

5 In die eigenen Erinnerungen fahren

1 Hesse, Indien, S. 14.

2 Scafi, Vermessung; Pabst, Ideallandschaft.

3 Giovanni de Marignolli: Cronica Boemorum, in: Folker Reichert (Hg.): Quellen zur Geschichte des Reisens im Spätmittelalter, Darmstadt 2009, S. 179–189.

4 Jordanus Catalanus de Sévérac: Mirabilia Descripta, in: Wilhelm Baum und Rainer Senoner: Indien und Europa im Mittelalter, Klagenfurt 2000, S. 125.

5 Ibn Battuta: Die Wunder des Morgenlandes, München 2010, S. 129–135.

6 Cristoforo Colombo: Bericht über seine dritte Reise an Ihre Königlichen Majestäten, in: Christoph Columbus: Briefe und Berichte, hg. von Ernst Gerhard Jakob, Leipzig 1956, Reprint Darmstadt 1968, S. 265. Siehe Reichert, Columbus, S. 422 f., und Eco, Geschichte, S. 175.

7 Varthema, Reisen, S. 177 f., 192–194, 196.

8 Silva, Encounters, S. xix, 18–20, 23–27.

9 Michael Hermann: Was ist Heimat für Sie? In: Stapferhaus, Heimat, S. 103.

10 Bouvier, Skorpionfisch, S. 32.

11 Michel Leiris: Mannesalter, Frankfurt am Main 1994, S. xx.

12 Hesse, Indien, S. 107.

13 Ebd. S. 15.

14 Barbosa, Livro; Osswald; Otherness; Paul Theroux: The Happy Isles of Oceania, London 1992, S. 383.

15 Georg Seeßlen: Western. Geschichte und Mythologie des Westernfilms, Marburg 1995.

16 Thomas Klein: Geschichte – Mythos – Identität: Zur globalen Zirkulation des Western-Genres, Berlin 2015.

17 Urry, Tourist Gaze, S. 61; Boltanski/Esquerre, Enrichissement, S. 408–425.

18 Zu den Migranten als Personen »ohne« Geschichte siehe Boltanski/Esquerre, Enrichissement, S. 449 f.

19 Reynolds, Retromania.

20 Mehr bei Eva Illouz: Der Konsum der Romantik. Frankfurt am Main 2003.

21 Bundi, Heimatschutz.

22 Donat Caduff: Das Bündner Dorf und sein Mythos, in: *Bündner Monatsblatt* 2 (2017), S. 176–191, und Ders.: Das Hyperdorf, Zürich 2017, Zitat S. 143.

23 *https://guarda-messe.ch/partner* (aufgerufen am 14. Januar 2018).

24 Zu den »Nationalbergen« Jon Mathieu: Die Alpen. Raum – Kultur – Geschichte, Stuttgart 2015, und Bernhard Tschofen: Was ist Landschaft? Plädoyer für Konzepte jenseits der Anschauung, in: Kasper u. a., Entdeckungen, S. 13–32.

25 *http://www.spiegel.de/reise/fernweh/ibn-battuta-zehn-tipps-fuer-reisende-a-1085503.html* (aufgerufen am 23. September 2017).

26 Zur intensiven Verknüpfung der Paradies-Erzählung aus der Genesis mit Debatten um die Erbsünde, Sexualität und Schuld zuletzt Greenblatt, Rise and Fall, S. 98–137; zu den mittelalterlichen Debatten Klaus Schreiner: »Si homo non pecasset…«. Der Sündenfall Adam und Evas, in: ders. und Norbert Schnitzler (Hg.): Symbolik und Sozialbezug des Körpers im späten Mittelalter und in der frühen Neuzeit, München 1992, S. 41–83.

27 Osswald, Otherness, S. 34; Tessa Storey: Courtesan Culture. Manhood, Culture and Sociability, in: Grieco, Erotic Cultures, S. 247–273; Johann Caspar Goethe: Reise durch Italien im Jahre 1740, München 1986, S. 26, 38 f.

28 Brian Doherty: This is Burning Man. The Rise of a New American Underground, Boston/New York 2004; Lee Gilmore und Mark van Proyen (Hg,): After Burn: Reflections on American Counterculture, Boston/New York 2005; de Witt: Future Sex, S. 173–189.

6 Dieser Ort ist eine Zeitkapsel

1 Peter Cowe (Hg.): Ani. World Architectural Heritage of a Medieval Capital, Leuwen 2001; zu den Konflikten siehe »Haunted by History: Ani, a disputed city«, in: *The Economist* 279, Juni 2006, S. 59. 2016 wurde Ani in die Liste des Weltkulturerbes aufgenommen: *http://whc.unesco.org/en/list/1518* (aufgerufen am 23. November 2017).

2 Zum Ablauf der Rituale *http://www.univie.ac.at/rel_jap/kami/Ise_Schrein* (aufgerufen am 23. November 2017); lesenswert dazu Sand, Monument Problem.

3 Johann Wolfgang Goethe-Universität (Hg.): Von der Grüneburg zum Campus

Westend – Die Geschichte des IG Farben-Hauses. Begleitbuch zur Dauerausstellung im IG Farben-Haus, Frankfurt am Main 2007.

4 Zu den spezifischen Produktionsbedingungen dieses Wahrzeichens siehe Yannis Hamilakis: The Nation and its Ruins. Antiquity, Archaeology and the National Imagination in Greece, Oxford 2009.

5 Freud, Erinnerungsstörung, S. 254 f.

6 Die Höhlenmalereien von Lascaux, 1940 entdeckt, wurden acht Jahre später der Öffentlichkeit zugänglich gemacht und 1963 wegen irreparabler Schäden wieder geschlossen. Die erste, 1983 eröffnete Nachbildung ist mittlerweile selbst schwer beschädigt. Sie wurde durch eine Wanderausstellung (»Lascaux 3«) und 2016 durch eine weitere vollständige Nachbildung aus Acrylharz (»Lascaux 4«) ersetzt. Die aufblasbare Kopie von Stonehenge als Hüpfburg hat Jeremy Deller 2012 unter dem Titel »Sacrilege« realisiert – *http://www.jeremydeller.org/Sacrilege/Sacrilege.php* (aufgerufen am 28. November 2017).

7 Philippe Minard und François Folcher: Guédelon: Des hommes fous, un château fort, Paris 2003; siehe auch die offiziellen Websites: *www.guedelon.fr* – *www.burgbau.at* (zu Friesach) – *www.campus-galli.de* (zu Messkirch), alle aufgerufen am 8. September 2017. Eine lange Liste weiterer Beispiele wieder aufgebauter historischer Gebäude bei von Engelberg-Dočkal, Hybridität.

8 Malgorzata Omilanowska: Rekonstruktion statt Original – das historische Zentrum von Warschau, in: *Informationen zur Raumentwicklung* Heft 3/4 (2011), S. 227–236; Herber, Wiederaufbau.

9 Ursula LeGuin: Great Joy, in dies.: Changing Planes, S. 116–130.

10 Koschorke: Wahrheit, S. 260 f.

11 Anfänge, notiert der Spezialist nüchtern, sind rekursiv, sie sind vom weiteren Verlauf bestimmt: Ereignisse sind beim Erzählen sowohl Rohmaterial als auch vom Erzähler erzeugte Instrumente der Aufmerksamkeitsführung: ebd., S. 62.

12 Ein strenger englischer Reiseschriftsteller hat schon 1841 kritisch angemerkt, nur an den besonders pittoresken Passagen fange der Rhein an, sich selbst ähnlich zu sein. Siehe Blackbourne, Eroberung, etwa S. 139 und 204; vgl. Müller, Baedeker.

13 Kap. 2, Anm. 18. »Es begann mit dem Wunsch, mit den Toten zu sprechen«, lautet der erste Satz von Stephen Greenblatts berühmtem Buch »Verhandlungen mit Shakespeare. Innenansichten der englischen Renaissance«, Berlin 1988, S. 7. Vgl. Moritz Bassler: Die kulturpoetische Funktion und das Archiv, Frankfurt am Main 2005, S. 11 ff.

14 Kalush/Sloman, Houdini, S. 193, meine Übersetzung; Ruth Brandon: The Life and Many Deaths of Harry Houdini, London 1993; zu Conan Doyles spiritistischen Überzeugungen Stiegler, Spuren.

15 Zu den aktuellen Auseinandersetzungen in der polnischen Erinnerungspolitik siehe z. B. Neal Ascherson: Diary, in: *London Review of Books*, 17. Oktober 2017, S. 39.

16 Greif, Concept, S. 145 f.

17 Zur Neuerschaffung einer authentischen Altstadt siehe d'Eramo, Welt, S. 133–140.

18 Thomas Laqueur: Why name a ship after a defeated race? In: *London Review of Books*, 24. Januar 2013, S. 3–10, hier S. 3.

19 Ashworth / Bruce, Town Walls, S. 301 ff.

20 Sand, Monument Problem, S. 130.

21 Perur, Conducted Tour, S. 15; zur Perspektive einer indischen Reisegruppe auf Europa ebd., S. 21–44; d'Eramo, Welt, S. 58–61.

Dank

1 Zum polnischen Gendering siehe Ann Cotten: Fast Dumm. Essays, hg. von Manfred Rothenberger, Fürth 2017, S. 248.

Literatur

Abbate, Carolyn / Robert Parker: Eine Geschichte der Oper, München 2013

Arnold, Martin: Von der Landi zur Arteplage: Schweizer Landes- und Weltausstellungen (19.–21. Jh.), Zürich 2001

Ashworth, Gregory / David Bruce: Town Walls, Walled Towns and Tourism: Paradoxes and Paradigms, in: *Journal of Heritage Tourism* 4 (2009), S. 299–313

Assmann, Aleida: Der lange Schatten der Vergangenheit. Erinnerungskultur und Geschichtspolitik, München 2006

Assmann, Aleida: Geschichte im Gedächtnis. Von der individuellen Erfahrung zur öffentlichen Inszenierung, München 2007

Bachleitner, Reinhard: Der Tourist, in: Stephan Moebius u. a. (Hg.): Diven, Hacker, Spekulanten. Sozialfiguren der Gegenwart, Frankfurt am Main 2010, S. 422–436

Badran, Mounir: Die »unverschämten Gaffer«. Wie die Luzerner Hofkirche im 19. Jahrhundert sehenswürdig wurde, in: *Jahrbuch der Historischen Gesellschaft Luzern* 35 (2017), S. 35–60

Baranowski, Shelley / Ellen Furlough (Hg.): Being Elsewhere. Tourism, Consumer Culture, and Identity in Modern Europe and North America, Ann Arbor 2001

Barbosa, Duarte: O Livro de Duarte Barbosa, hg. von Maria Augusta Veiga e Sousa, 2 Bde., Lisboa 1996 und 2000

Bauer, Patrick: Blühendes Geschäft, in: *Süddeutsche Zeitung Magazin*, 20. März 2015

Benjamin, Walter: Tagebuch, 7. August 1931, in: Ders.: Gesammelte Schriften Bd. 6, hg. von Rolf Tiedemann und Hermann Schweppenhäuser, Frankfurt am Main 1991, S. 439–447

Bertrand, Gilles: Histoire du carnaval de Venise, Paris 2013

Bisky, Jens: Kleist. Eine Biographie, Berlin 2007

Blackbourne, David: Die Eroberung der Natur. Eine Geschichte der deutschen Landschaft, München 2007

Blatter, Michael/Valentin Groebner: Wilhelm Tell, Import-Export, Baden 2016

Bloch, Marc: Apologie der Geschichte oder der Beruf des Historikers, München 2002

Boltanski, Luc/Arnaud Esquerre: Enrichissement. Une critique de la marchandise, Paris 2017

Bouvier, Nicolas: Der Skorpionfisch, Basel 2011

Boyer, Marc: Histoire générale du Tourisme. Du XVIe au XXIe siècle, Paris 2005

Brevern, Jan von: Flaubert und der Stil der Natürlichkeit, in: *Kritische Berichte* 42 (2014), S. 99–111

Brown, Patricia Fortini: Venice and Antiquity. The Venetian Sense of the Past, New York 1996

Bundi, Simon: Graubünden und der Heimatschutz. Von der Erfindung der Heimat zur Erhaltung des Dorfes Guarda, Chur 2012

Bundi, Simon: Landschaft bewahren, in: Jon Mathieu u. a. (Hg.): Geschichte der Landschaft in der Schweiz, Zürich 2016, S. 206–218

Bürgi, Andreas: Eine touristische Bilderfabrik. Kommerz, Vergnügen und Belehrung am Luzerner Löwenplatz 1850–1914, Zürich 2015

Caduff, Donat: Das Hyperdorf, Zürich 2017

Camille, Michael: The Gargoyles of Notre-Dame: Monsters of Modernity, Chicago 2009

Cannadine, David (Hg.), History and the Media, Basingstoke 2004

Capitani, François de: Schweizer Stadtjubiläum im 19. und 20. Jahrhundert als Orte republikanischer Repräsentation, in: *Die Alte Stadt. Zeitschrift für Stadtgeschichte, Stadtsoziologie und Denkmalpflege* 28 (2001), S. 3–10

Carqué, Bernd/Daniela Mondini/Matthias Noell (Hg.): Visualisierung und Imagination, Göttingen 2006

Casutt, Marcus u. a. (Hg.): Kriens – Kairo. Emil Vogt: Luzerner Architekt um 1900. Kriens: Museum im Bellpark Kriens 1998

Charbon, Rémy u. a. (Hg.), Die Schweiz verkaufen. Wechselverhältnisse zwischen Tourismus, Literatur und Künsten seit 1800, Zürich 2010

Ceriani, Giorgia (Hg.), Tourismes 2. Moments de lieux, Paris 2005

Cohen, Evelyne: Visiter Notre-Dame de Paris, in: *Ethnologie française* 32 (2002), S. 503–513

Cohen, Meredith: The Sainte-Chapelle and the Construction of Sacral Monarchy, New York 2015

Daugbjerg, Mads u. a. (Hg.): Re-enacting the Past: Heritage, Materiality and Performance, London 2016

Davidson, W. Philipps: The Third-Person Effect in Communication, in: *Public Opinion Quarterly* 47 (1983), S. 1–15

Duhamel, Christophe (Hg.), Tourismes 1. Lieux communs, Paris 2002

Eco, Umberto: Die Geschichte der legendären Länder und Städte, München 2013

Enard, Mathias: Kompass, Berlin 2016

Engelberg-Dočkal, Eva von: Zeitgenössische historisierende Architektur – Die Hybridität mimetischer Praktiken, in: Dies., Markus Krajewski und Frederike Lausch (Hg.): Mimetische Praktiken in der neueren Architektur. Prozesse und Formen der Ähnlichkeitserzeugung, Heidelberg 2017, S. 118–129

Enzensberger, Hans Magnus: Theorie des Tourismus, in: Ders.: Einzelheiten, Frankfurt am Main 1962, S. 147–168

Enzensberger, Hans Magnus im Interview mit Stefan Schlak: »Das einzig wahre Ausland ist die Vergangenheit«. *Magazin der Kulturstiftung des Bundes 11* (Frühjahr 2008), S. 8–10

Enzensberger, Hans Magnus: Beim Schimpfen ist es geblieben. Gedanken beim Wiederlesen der »Theorie des Tourismus« aus dem Jahr 1958, in: Thomas Steinfeld (Hg.): Die Zukunft des Reisens, Frankfurt am Main 2012, S. 147–149

d'Eramo, Marco: Die Welt im Selfie. Eine Besichtigung des touristischen Zeitalters, Frankfurt am Main 2018.

Esch, Arnold: Rom. Vom Mittelalter zur Renaissance, 1378–1484, München 2016

Falconieri, Tommaso di Carpegna: Medioevo Militante. La politica di oggi alle prese con barbari e cruciate, Turin 2011

Fabian, Sina: Boom in der Krise. Konsum, Tourismus, Autofahren in Westdeutschland und Großbritannien 1970–1990, Göttingen 2016

Fasol, Laura: Stadtgestalt und Stadtgesellschaft. Identitätskonstruktionen in Winterthur, Luzern und Bern um 1900, phil. Diss. Universität Luzern 2017

Feger, Otto: 550 Jahre seit dem Konstanzer Konzil, in: *Konstanzer Almanach* 10 (1964), S. 11–18

Fenske, Michaela: Abenteuer Geschichte, Zeitreise in die Spätmoderne, Reisefieber Richtung Vergangenheit, in: Wolfgang Hardtwig und Alexander Schug (Hg.): History Sells! Angewandte Geschichtswissenschaft und Markt, Stuttgart 2009, S. 79–90

Fischli, Melchior: Geplante Altstadt, Zürich 2012

Flaubert, Gustave: Voyage en Orient, hg. von Claudine Gothot-Mersch, Paris 2006

Flückiger-Seiler, Roland: Hotelträume zwischen Gletschern und Palmen: Schweizer Tourismus und Hotelbau 1830–1920, Baden 2005

François, Etienne/Hagen Schulze (Hg.), Deutsche Erinnerungsorte, 3 Bde, München 2001

Frefel, Sandro: Luzern feiert sein Mittelalter. Das Jubiläum »800 Jahre Luzern« 1978, in: *Jahrbuch der Historischen Gesellschaft Luzern* 31 (2013), S. 85–107

Frevert, Ute/Anne Schmidt: Geschichte, Emotionen und die Macht der Bilder, in: *Geschichte und Gesellschaft* 37 (2011), S. 5–25

Freud, Sigmund: Eine Erinnerungsstörung auf der Akropolis (1936), in: Ders.: Gesammelte Werke, Frankfurt am Main 1999 (Nachdruck), Bd. 16, S. 250–257

Ganz, Paul Leonhard: Das Rundbild der Stadt Thun. Das älteste erhaltene Panorama der Welt von Marquard Wocher (1760–1830), Gesellschaft für schweizerische Kunstgeschichte, Basel 1975

Giezendanner, Ingo: Rundherundherundherum, Nürnberg 2012

Göttler, Christine: Last Things. Art and the Religious Imagination in the Age of the Reform, Turnhout 2010

Göttler, Christine: The Temptation of the Senses at the Sacro Monte di Varallo, in: Dies. und Wietse de Boer (Hg.): Religion and the Senses in Early Modern Europe, Leiden 2013, S. 393–454

Groebner, Valentin: Das Mittelalter hört nicht auf, München 2008

Groebner, Valentin: Touristischer Geschichtsgebrauch: Über einige Merkmale neuer Vergangenheiten im 20. und 21. Jahrhundert, in: *Historische Zeitschrift* 296 (2013), S. 408–428

Groebner, Valentin: Was war Identität? In: *Zeitschrift für Ideengeschichte* 12 (Juni 2018), S. 38–57

Giuliani, Luca: Rezension zu: M. Radnoti-Alföldi u. a.: Die Römische Wölfin. Ein antikes Monument stürzt von seinem Sockel (2011). In: *Klio* 95, 2013, S. 272–276

Grafton, Anthony: Bring Out Your Dead. The Past as Relevation, Cambridge/Mass. 2001

Grafton, Anthony: Leon Battista Alberti, Baumeister der Renaissance, Berlin 2004

Grafton, Anthony: Worlds Made by Words, Cambridge/Mass. 2009

Grieco, Sara Matthews (Hg.): Erotic Cultures of Renaissance Italy, Ashgate 2010

Greenblatt, Stephen: The Rise and Fall of Adam and Eve, New York 2017

Greif, Mark: The Concept of Experience, in: *n+1* Nr. 2 (2008), S. 143–158

Hamm, Bernd/Thomas Kaufmann (Hg.): Wie fromm waren die Humanisten? Wiesbaden 2016

Hachtmann, Rüdiger: Tourismus-Geschichte, Göttingen 2007

Hagen, Joshua: The Most German of Towns: Creating an Ideal Nazi Community in Rothenburg ob der Tauber, in: *Annals of the Association of American Geographers* 94 (2004), S. 207–227

Hagner, Michael / Bernd Stiegler / Felix Thürlemann (Hg.): Charles Nègre: Selbstporträt im Hexenspiegel, Paderborn 2014

Hamilakis, Yannis: The Nation and its Ruins. Antiquity, Archaeology and the National Imagination in Greece, Oxford 2009

Hardtwig, Wolfgang / Alexander Schug (Hg.): History Sells! Angewandte Geschichtswissenschaft und Markt, Stuttgart 2009, S. 79–90

Heilbrun, Françoise: Charles Nègre. Das photographische Werk, München 1980

Herber, Grazyna Ewa: Wiederaufbau der Warschauer Altstadt nach dem Zweiten Weltkrieg. Im Spannungsfeld zwischen denkmalpflegerischen Prinzipien, politischer Indienstnahme und gesellschaftlichen Erwartungen, Bamberg 2014

Hermann, Claudia: Das Löwendenkmal in Luzern, in: *Kunst und Architektur in der Schweiz* 55 (2014), S. 52–55

Hess, Ulrike: Zahlen und Trends im Welttourismus, in: *Voyage. Jahrbuch für Reise- und Tourismusforschung* 1997, 153–162

Hess, Silvia: Morgarten. Die Inszenierung eines Ortes, Baden 2018

Hesse, Hermann: In Indien, hg. von Volker Michels, Frankfurt am Main 1980

Hesse, Jochen: Die Luzerner Fassadenmalerei, Luzern 1999

Hewison, Robert: The Heritage Industry, London 1987

Hönes, Hans-Christian u. a. (Hg.): Was war Renaissance? Bilder einer Erzählform von Vasari bis Panofsky, Passau 2013

Holmes, Oliver Wendell: Spiegel mit einem Gedächtnis: Essays zur Photographie, hg. von Michael C. Frank und Bernd Stiegler, München 2011, S. 38 f.

Horat, Heinz: Die Bilder der Kapellbrücke in Luzern, Luzern 2015

Jacobson, Ken: Odalisques et Arabesques: Orientalist Photography 1839–1925, London 2007

James, Henry: Collected Travel Writings, New York 1993

Jenkins, Keith u. a. (Hg.), Manifestos for History, London 2007

Jordan, David P.: Die Neuerschaffung von Paris, Frankfurt am Main 1996

Kalush, William / Larry Sloman: The Secret Life of Houdini: The Making of America's First Superhero, New York 2006

Kasper, Michael u. a. (Hg.): Entdeckungen der Landschaft, Köln / Wien 2017

Karmon, David: The Ruin of the Eternal City. Antiquity and Preservation in Ancient Rome, Oxford 2011

Karmon, David: The Sacro Monte at Varallo and the Choreography of an Olfactory Landscape, in: *Future Anterior* 13/2, Winter 2016, S. 56–74

Kennel, Sarah (Hg.): Charles Marville: Photographer of Paris, Chicago 2013
Klein, Thomas: Geschichte – Mythos – Identität: Zur globalen Zirkulation des Western-Genres, Berlin 2015
Korte, Barbara/Sylvia Paletschek (Hg.): History Goes Pop. Bielefeld 2009
Koschorke, Albrecht: Wahrheit und Erfindung, Frankfurt am Main 2012
Koselleck, Reinhard: Vergangene Zukunft, Frankfurt am Main 1979
Koselleck, Reinhard: Zeitschichten, Frankfurt am Main 2000
Kostiainen, Auvo und Taina Syrjämaa (Hg.): Touring the Past. Uses of History in Tourism, Savonlinna 2008
Kramer, Sven: Walter Benjamin zur Einführung, Hamburg, 3. Auflage 2013.
Kühberger, Christoph/Andreas Pudlat (Hg.): Vergangenheitsbewirtschaftung. Public History und Wissenschaft, Innsbruck/Wien/Bozen 2012

Lasansky, D. Medina: Elision: Acting out the Passion at the Italian Sacri Monti, S. 262–265, in: Julia Hairston und Walter Stephens (Hg.): The Body in Early Modern Italy, Baltimore 2010, S. 249–273
LeGuin, Ursula: Changing Planes, London 2005
Le Men, Ségolène: De Notre-Dame de Paris au »Stryge«: L'invention d'une image, in: *Livraisons d'Histoire de l'Architecture* 20 (2010), S. 49–74
Leniaud, Jean-Michel/Françoise Perrot: La Sainte Chapelle, Paris 1991
Liehr, Dorothee: Skandal & Nation. Politische Deutungskämpfe in der Schweiz 1988–1991, Marburg 2014
Liessmann, Konrad Paul: »Zum Raum wird hier die Zeit«. Kleine Geschichte der Zeitreisen, in: Thomas Macho und Annette Wunschel (Hg.): Science & Fiction. Über Gedankenexperimente in Wissenschaft, Philosophie und Literatur, Frankfurt am Main 2004, S. 209–228
Lowenthal, David: Taking the Past into the Future: From the foreign to the undiscovered country, in: Keith Jenkins u. a. (Hg.), Manifestos for History, London 2007
Luzi, Christoph: Die Konzilsbilderfabrik Konstanz, phil. Diss. Luzern 2017

Marchal, Guy: Schweizer Gebrauchsgeschichte. Geschichtsbilder, Mythenbildung und nationale Identität, Basel 2006
Martins, Pedro Alexandro Guerreiro: History, Nation and Politics: The Middle Ages in Modern Portugal 1890–1947, ph. D. Universidade Nova de Lisboa, 2016
Masse, Marie-Sophie (Hg.): La Renaissance? Des Renaissances? Paris 2010
Mathieu, Jon: Die Alpen. Raum – Kultur – Geschichte, Stuttgart 2015
Mattioli, Aram, Zwischen Demokratie und totalitärer Diktatur. Gonzague de Reynold und die Tradition der autoritären Rechten in der Schweiz, Zürich 1994

McCalman, Iain/Paul Pickering (Hg.): Historical Reenactment. From Realism to the Affective Turn, Basingstoke 2010

McCarthy, Tom: 8 ½ Millionen, Berlin/Zürich 2008

Meethan, Kevin: Tourism in global society. Place, Culture and Consumption, Basingstoke 2001

Michael, Walter: Oper. Geschichte einer Institution, Stuttgart 2016

Mitchell, Timothy: Die Welt als Ausstellung, in: Sebastian Conrad und Shalini Randeria (Hg.): Jenseits des Eurozentrismus, Frankfurt am Main 2002, S. 148–176

Moeglin, Jean-Marie: Les Bourgeois de Calais: Essai sur un mythe historique, Paris 2002

Moos, Stanislaus von: Nicht Disneyland. Über einige Sacromonti der Massenkultur, Zürich 2004, S. 55–75

Mugnaini, Fabio: Carnevale senza quaresima, tradizione senza passato, in: Franco Castelli und Piercarlo Grimaldi (Hg.): Maschere e corpi, Roma 1997, S. 79–94

Müller, Susanne: Die Welt des Baedeker. Eine Medienkulturgeschichte des Reiseführers 1830–1945, Frankfurt am Main 2012

Müller, Winfried (Hg.): Das historische Jubiläum. Zur Geschichtlichkeit einer Zeitkonstruktion, Münster 2004

Nagel, Alexander/Christopher Wood: Anachronic Renaissance, New York 2010

Noell, Matthias: Denkmalsammlungen, Denkmalarchive: Zur Rolle der Fotografie in den Denkmalsammlungen des 19. und frühen 20. Jahrhunderts, in: Hubert Locher und Rolf Sachsse (Hg.): Architektur Fotografie, Berlin/München 2016, S.24–39

Nora, Pierre (Hg.): Les lieux de mémoire, 7 Bde, Paris 1984–1992

Nova, Alessandro: ›Popular Art‹ in Renaisance Italy: Early Responses to the Holy Mountain in Varallo, in: Claire Farago (Hg.): Reframing the Renaissance, New Haven 1995, S. 113–126

Omachen, Peter: Luzern – Eine Touristenstadt. Hotelarchitektur von 1782 bis 1914, Baden 2010

Osswald, Cristina: On Otherness and India. O Livro de Duarte Barbosa (c. 1516) seen in context, in: *CEM Cultura* 6 (2015), S. 23–38

Pabst, Manfred: Ideallandschaft und Ursprung der Menschheit. Paradieskonzeptionen und Lokalisierungen im Wandel, in: *Frühmittelalterliche Studien* 38 (2005), S. 17–53

Panzanella, Roberta: Pilgrimage in Hyperreality: Images and Imagination in the »New Jerusalem« at Varallo (1486–1530), Ph. D. University of Los Angeles, 1999

Park, Hamish: Passion, Remembrance and Identity. The Palio of Siena, in: *Mediterranean Studies* 2 (1992), S. 80–97

Perur, Srinath: If It's Monday It Must be Madurai. A Conducted Tour Through India, London 2013

Pfaller, Robert: Die Illusionen der Anderen. Über das Lustprinzip in der Kultur, Frankfurt am Main 2002

Pfaller, Robert: Zweite Welten und andere Lebenselixiere, Frankfurt am Main 2012

Pieper, Jan u. a. (Hg.): Jerusalemskirchen. Mittelalterliche Kleinarchitekturen nach dem Modell des Heiligen Grabes, Ausstellungskatalog Aachen 2003

Prost, Antoine: Verdun, in: Pierre Nora (Hrsg.), Erinnerungsorte Frankreichs. München 2005, S. 264–270

Reichert, Folker: Columbus und das Mittelalter, in: Ders.: Asien und Europa im Mittelalter, Göttingen 2014

Reynold, Gonzague de: Städte und Landschaften, Aarau 1932

Reynolds, Simon: Retromania: Warum Pop nicht von seiner Vergangenheit lassen kann, Mainz 2012

Reznik, Milos: Vergangenheit, Tourismus, Markt und Unterhaltung in der Spätmoderne, in: Ders. und Katja Rosenbaum (Hg.): Touristische Vermarktung der Geschichte, Leipzig/Berlin 2014, S. 7–15

Rhein, Stefan: Am Anfang war Luther. Die Personengedenkstätte und ihre protestantische Genealogie, in: Anne Bohnenkamp (Hg.): Häuser der Erinnerung. Zur Geschichte der Personengedenkstätte im 19. Jahrhundert, Leipzig 2015, S.59–70

Riedo, Dominik (Hg.): Luzern, Luzern. Literarische Spuren, Luzern 2011

Robida, Albert: Les vieilles villes de Suisse, Paris 1879

Rousseaux, Ulrich: Städtische Jubiläumskultur zwischen Früher Neuzeit und Moderne. Das Beispiel Annaberg in Sachsen, in: Winfried Müller u. a. (Hg.): Das historische Jubiläum, Münster 2004, S. 349–367

Ruskin, John: Modern Painters, London 1904

Sablonier, Roger: Vaterländische Schatzsuche und Archäologie am Morgarten, in: Adriano Barchetti-Maradi u. a. (Hg.): Fund-Stücke, Spuren-Suche, Zürich 2011, S. 611–631

Sabrow, Martin: Sehnsucht nach dem Authentischen. Der Glaube an das Echte und die Gebeine Friedrichs des Grossen, in: *Merkur* 772 (2013), S. 767–777

Sabrow, Martin: Zeitgeschichte als Jubiläumsreigen, in: *Merkur* 769 (Februar 2015), S. 43–54

Samuel, Raphael: Theatres of Memory, London 1994

Sand, Jordan: Japan's Monument Problem: Ise Shrine as Metaphor, in: *Past & Present* 226 (2015), S. 126–152
Scafi, Alessandro: Die Vermessung des Paradieses. Eine Kartografie des Himmels auf Erden, Darmstadt 2015
Seume, Johann Gottfried: Spaziergang nach Syrakus im Jahr 1802, Frankfurt am Main 2010
Scheppe, Wolfgang: Migropolis, München/Venedig 2009
Schnepel, Burkard/Eva-Maria Knoll (Hg.): Kultur all inclusive. Identität, Tradition und Kulturerbe im Zeitalter des Massentourismus, Bielefeld 2013
Schumacher, Beatrice: Kleine Geschichte der Stadt Luzern, Baden 2015
Schweizer, Stefan: »Unserer Weltanschauung sichtbaren Ausdruck geben«: Nationalsozialistische Geschichtsbilder in historischen Festzügen, Göttingen 2007
Seeßlen, Georg: Western. Geschichte und Mythologie des Westernfilms, Marburg 1995
Sieber, Gerald: Reenactment: Formen und Funktionen eines geschichtsdokumentarischen Darstellungsmittels, Marburg an der Lahn 2016
Silva, Chandra Richard de (Hg.): Portuguese Encounters with Sri Lanka and the Maledives, Farnham 2009
Silverman, Sydel: On the Uses of History in Anthropology. The »Palio« of Siena, in: *American Ethnologist* 6 (1979), S. 413–436
Stapferhaus, Lenzburg (Hg.): Heimat. Eine Grenzerfahrung, Zürich 2017
Stasiuk, Andrzej: Das Flugzeug aus Karton, Frankfurt am Main 2004
Steinfeld, Thomas (Hg.): Die Zukunft des Reisens, Frankfurt am Main 2012
Stiegler, Bernd: Theoriegeschichte der Fotografie, München 2006
Stiegler, Bernd: Spuren, Elfen und andere Erscheinungen. Conan Doyle und die Fotografie, Frankfurt am Main 2014

Tissot, Laurent: Naissance d'une industrie touristique. Les Anglais et la Suisse au XIXe siècle, Lausanne 2000
Theroux, Paul: Die glücklichen Inseln Ozeaniens, Hamburg 1994
Thürlemann, Felix: Das Haremsfenster. Zur fotografischen Eroberung Ägyptens im 19. Jahrhundert, München 2016
Thürlemann, Felix: Observing Everyday Life in Egypt in Tourists' Photographs in the late 19th Century, in: *Photo Researcher* 28 (2017), S. 5–19
Tragbar, Klaus: Dante und der Duce, in: Aram Mattioli und Gerhard Steinacher (Hg.), Für den Faschismus bauen. Zürich 2009, S. 131–166
Tschudi, Victor Plahte: Baroque Antiquity: Archeological Imagination in Early Modern Europe, Cambridge 2016
Twain, Mark: The Innocents Abroad or The New Pilgrims' Progress, Boston 1869

Twain, Mark: Ein Yankee aus Connecticut an König Artus' Hof (1889), München 1972

Twain, Mark: Bummel durch Europa, übersetzt von Ana Maria Brock, München 1966

Urry, John: The Tourist Gaze, 2. Auflage London 2001

Urry, John/Jonas Larsen: The Tourist Gaze 3.0, London 2011

Varthema, Ludovico da: Reisen im Orient, Sigmaringen 1996

Valance, Georges: Haussmann le Grand, Paris 2000

Vincken, Gerhard: Zone Heimat. Altstadt im modernen Städtebau, München/Berlin 2010

Watson, Steve: Touring the Medieval. Tourism, Heritage and Medievalism in Northumbria, in: Tom Shippey und Martin Arnold (Hg.): Appropriating the Middle Ages, London 2001

Weisl, Angela Jane: The Persistance of Medievalism: Narrative adventures in Contemporary Culture, London/New York 2003

Willner, Sarah u. a. (Hg.): Doing history. Performative Praktiken in der Geschichtskultur, Münster 2016

Witt, Emily de: Future Sex, New York 2016

Wood, Christopher: Replica, Forgery, Fiction: Temporalities in German Renaissance Art, Chicago/London 2008

Wright, Diana Gillian: Rezension von Marina Belozerskaya: To Wake the Dead: A Renaissance Merchant and the Birth of Archeology, New York 2009, in: *Renaissance Quarterly* 63 (2010), S. 549–551

Wüthrich, Georges: Mythos Marignano, in: Roland Haudenschild (Hg.): Marignano 1515–2015, Lenzburg 2015

Wyss, Beat: Luzern, in: Inventar der neueren Schweizer Architektur 1850–1920, Bd. 6. Bern 1991, S. 357–512

Wyss, Beat: Luzern, eine Stadt im Industriezeitalter, in: *Jahrbuch der Historischen Gesellschaft Luzern* 16 (1998), S. 23–33

Wyss, Beat: Vasari, der Etrusker. Über Totemismus und kulturelle Identität, in: Peter Geimer und Michael Hagner (Hg.): Nachleben und Rekonstruktion. Vergangenheit im Bild, München 2012, S. 95–109

Zalfen, Sarah: Zeitmaschine Oper. Die Macht des historischen Erbes der Oper am Ende des 20. Jahrhunderts, in: *Geschichte und Gesellschaft* 38 (2012), S. 133–157

Zelger, Franz: Luzern im Spiegel alter Reisebeschreibungen 1757–1835, Luzern 1933

Abbildungsnachweise

1. Plakatsammlung der Schule für Gestaltung, Basel
6. Wikimedia Commons
7. Ansichtskarte von Luzern, gelaufen 2013
13. »We never use the word authentic«. Anzeige, *London Review of Books*, September 2016

Alle übrigen Abbildungen sind Aufnahmen des Verfassers

Valentin Groebner

Ich-Plakate

Eine Geschichte des Gesichts als Aufmerksamkeitsmaschine

208 Seiten. Gebunden

Große Augen, lächelnde Münder: Gesichter auf Plakatwänden sollen Gefühle erzeugen, Vertrauen, Intimität – alles Leitbegriffe der Werbung im 21. Jahrhundert. Aber der Glaube an die Wirkung von Gesichtern hat eine lange Vorgeschichte. Ihren Spuren geht der Historiker Valentin Groebner in seinem klugen, elegant geschriebenen Essay nach. Ob Heiligenbilder, Renaissanceporträts oder Fotografien, alle diese Bilder sagen viel über die Fertigkeiten ihrer Macher aus, doch wenig über die dargestellten Menschen. Am Ende stellt sich die Frage, wie sehr wir diesen Gesichtern wirklich gleichen wollen – denn autonome Ich-Gesichter gibt es nicht.

»[…] einer der coolsten Geschichtswissenschaftler momentan überhaupt.«
Jan Feddersen, litera.taz

»Das Buch verbindet auf gelungene Weise die Freiheit des Essayisten mit der Gründlichkeit des Historikers.«
Frank Kaspar, Mosaik / Passagen – WDR 3

»Dieses Buch kann zu unverhofften Begegnungen führen.«
Thorsten Jantschek, Frankfurter Allgemeine Zeitung

Achim Landwehr

Die anwesende Abwesenheit der Vergangenheit

Essay zur Geschichtstheorie

384 Seiten. Gebunden

Was Historiker als »Quellen« bezeichnen, die Zeugnisse vergangener Welten, sind bloß Ausschnitte, Schnipsel, die interpretiert sein wollen. In einer klugen geschichtstheoretischen Wendung zeigt der bekannte Historiker Achim Landwehr, dass und wie wir unsere Vergangenheit selbst erschaffen. Er erklärt, warum die Wirklichkeit unfassbar ist, was es mit einer »Geschichte des Zwischen« auf sich hat, mit dem Lob der Sinnlosigkeit und dem Versuch, der Historie zu entkommen. Nicht zuletzt entwickelt er ein neues Zeitmodell des Historischen. Ein Grundlagenwerk der Geschichtstheorie, das ungewöhnliche Akzente setzt – und deutlich macht, dass auch in der Geschichte »alles fließt«.

»Ein grandioses Werk.«
Rainer Kühn, Deutschlandfunk

»Wer sich […] auf den Band einlässt, wird viele als selbstverständlich genommene […] Grundpositionen der Geschichtswissenschaft intelligent hinterfragt finden.«
Stefan Jordan, Zeitschrift für Geschichtswissenschaft

fi 1-397205 / 1